澎湃野吉旅行趣 5

來去大阪鬧一鬧

澎湃野吉◎圖文
黃廷玉◎譯

前言

是的！總之因為這樣那樣，

這次來到了大阪篇唷！

有點擔心搞笑的難度整個提升啦～之類～

好像也不怎麼擔心呢……

擔心是理所當然的吧

難道不擔心一下嗎！！

……像剛剛這種感覺的事情

也滿想多多嘗試，

不過真的沒什麼幹勁呢……

欸難道不試一下嗎！！

本書大概就是走這個路線，還請多指教。

登場人物介紹

澎湃野吉

這本漫畫的作者。
究極繭居插畫家。
具有令人震驚的**雨男**體質且患有懼高症。
曾因舉辦簽名會而去過大阪。

SUZU

BON社的社長暨編輯。
喜歡旅行，所以去過大阪好幾次。
總是帶著猴子一起拍照。

金子

BON社的員工。編輯身兼惡魔。
這次是第一次去大阪
因為都講片假名，閱讀不易所以不能負責說明。

齋藤先生

澎湃野吉旅行趣系列發行出版社
「主婦與生活社」派來的編輯，
錢包裡裝著這次旅行的預算。
豐沛的知識不容小覷。

殿塚先生

主婦與生活社的總編輯。
對特攝造詣頗深，超喜歡哥吉拉
錢包裡有更多的旅行預算。

編註：特攝，是指使用特殊效果的電影特技手法（SFX）而拍攝的電視劇及電影。或是專指日本製作的使用電影特技的影片，可以稱為狹義的日本特攝影片。

大阪踩點地圖

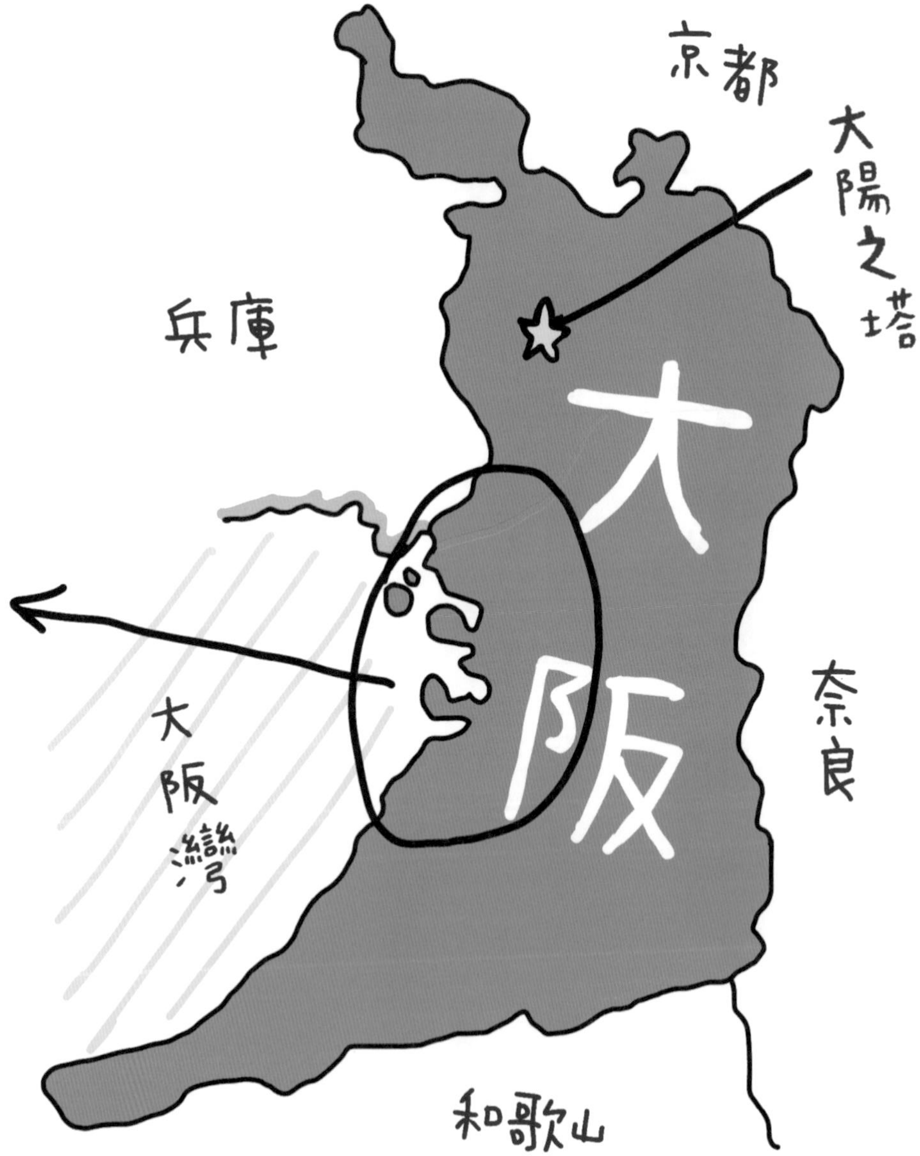

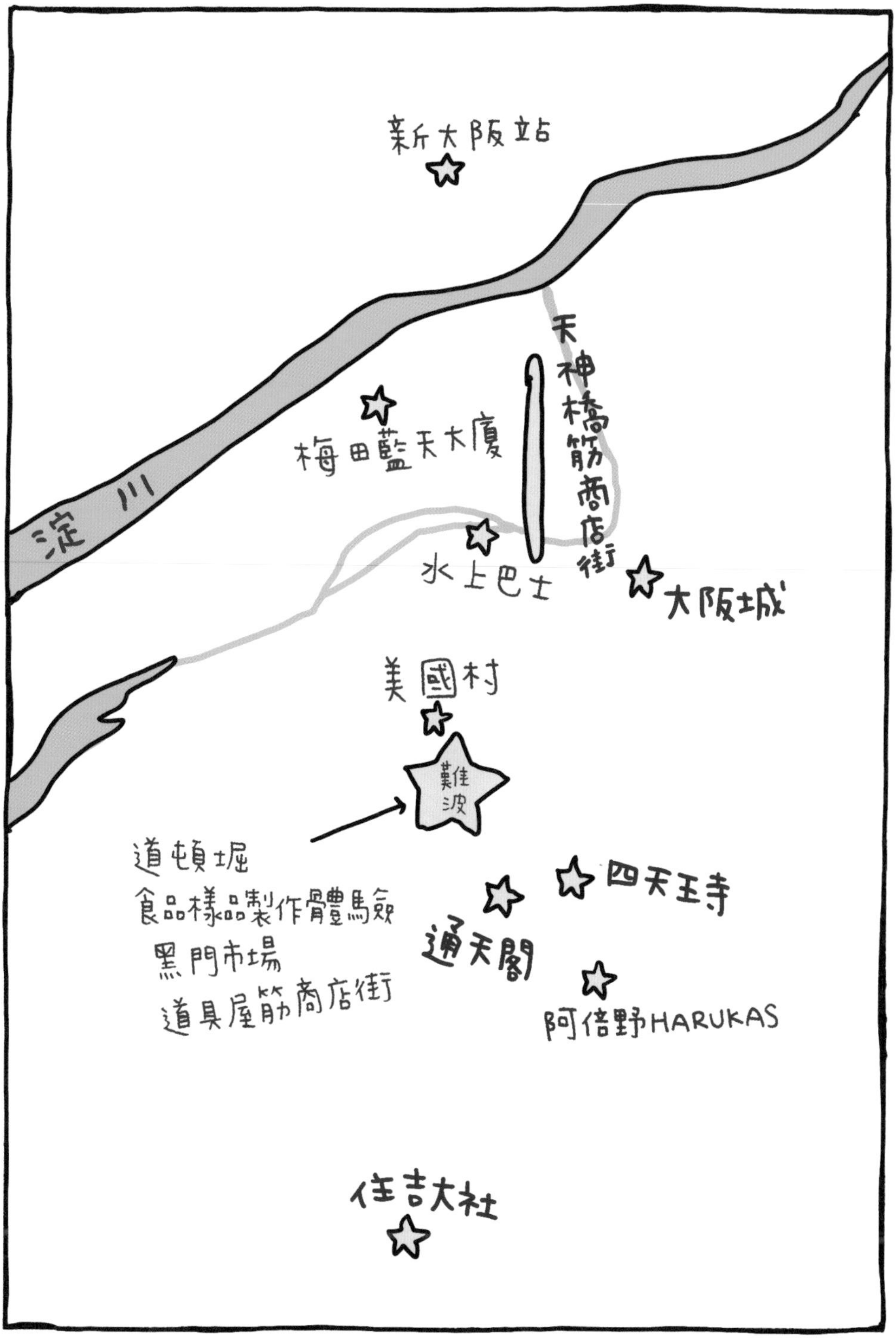
新大阪站
淀川
天神橋筋商店街
梅田藍天大廈
水上巴士
大阪城
美國村
難波
道頓堀
食品樣品製作體驗
黑門市場
道具屋筋商店街
四天王寺
通天閣
阿倍野HARUKAS
住吉大社

目 次

＊本書是根據2015年11月～2016年7月間外出取材的體驗所描繪而成。不過，書中含有不少作者主觀的理解或妄想，以及漫畫式的誇張表現。當您看到這樣的內容時，若能沉著地以「這作者的幻想也太誇張了吧……」諸如此類的想法來應對，我們將甚感喜悅。另外，由於書中的文字採用手寫字，可能會相當不易閱讀。諸多細節，還請您先做好心理準備。

＊本書所標示的圓皆為日圓。

第一章

新世界與炸串與道頓堀

各位大家好～～
我們是澎湃野吉大阪篇～
鼓掌
鼓掌
哎呀～～這次的澎湃之旅來到了大阪呢，我們心裡也有種不好好加油不行的感覺呢。
什麼鬼啊SUZU，開場白也太沒幹勁了吧？這是新書耶，不是要用更驚～人的氣勢講些令人HIGH起來的話題，然後你那眼鏡要不要弄掉啊？來段找眼鏡的哏啊～～!!
說到令人很HIGH的話題嘛，關於這本澎湃大阪篇，之前的作法都是狠～狠地取材一個禮拜後，好～好地統整內容才畫出來，不過這次則是進行兩天一夜的小型取材，將每一次的見聞畫成漫畫。
沒錯沒錯，就從剛剛的內容開始，一步一腳印，好好聊下去！一點一點展現出HIGH勁吧—！
打
蝦米碗糕啊!!
出場了啦！♪
怒火中燒
蝦？什麼碗糕？為什麼會變成這樣，還不都是因為本書作者害的！不但畫畫進度慢，還因為要畫整整一本就說什麼「非連載作品果然得思考整體結構之類的，很花時間的欸～」，然後一直都沒動筆！心想你終於畫出來了，結果又說什麼還是好想從第一頁開始重畫什麼的，到處改了好幾次，結果趕不及截稿日無法如期上市！一直都是我去和被開天窗的所有人道歉，大家都佛心幫我們延期了，
但你這傢伙卻又……
對，對不起!!
下次我會一步一腳印
確實前進吧!!
欸嘿嘿……
那A安捏!!
因此，這次到大阪取材共計三個期間，將旅途的瑣事一步一腳印地畫成漫畫囉～！♪
2015年11月25日
新幹線　品川站月台
你的行李還是很多耶……明明才去兩天一夜而已。

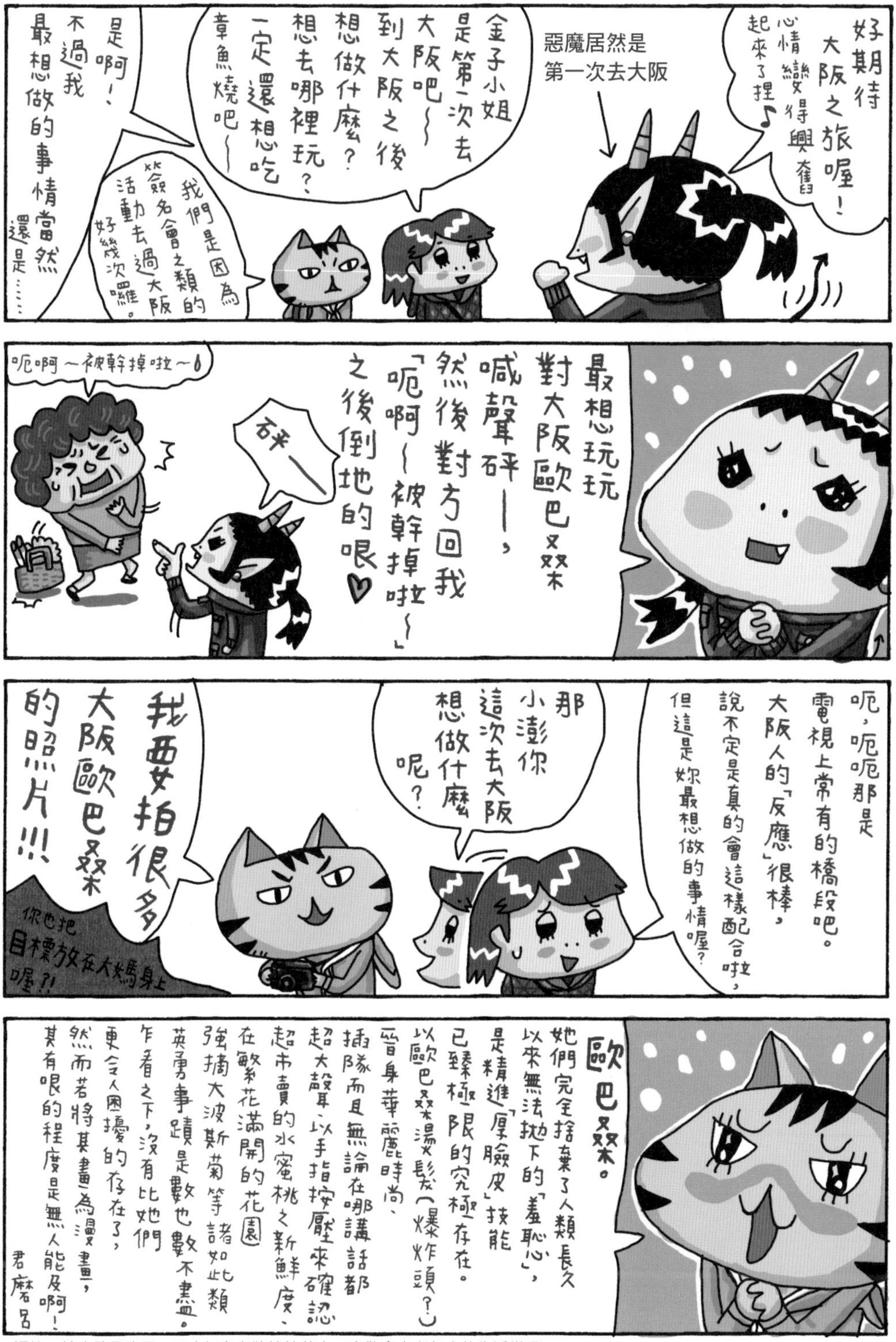
好期待大阪之旅喔！
心情變得興奮起來了捏♪
惡魔居然是第一次去大阪
金子小姐是第一次去大阪吧～到大阪之後想做什麼？想去哪裡玩？一定還想吃章魚燒吧～
我們是因為簽名會之類的活動去過大阪好幾次囉。
是啊！不過我最想做的事情當然還是……
最想玩玩對大阪歐巴桑喊聲砰—，然後對方回我「呃啊～被幹掉啦～」之後倒地的哏♥
砰—
呃啊～被幹掉啦～
呃，呃呃那是電視上常有的橋段吧。大阪人的「反應」很棒，說不定是真的會這樣配合啦，但這是妳最想做的事情喔？
那小澎你這次去大阪想做什麼呢？
我要拍很多大阪歐巴桑的照片!!!
你也把目標放在大媽身上喔?!
歐巴桑。
她們完全捨棄了人類長久以來無法拋下的「羞恥心」，是精進「厚臉皮」技能已臻極限的究極存在。以歐巴桑燙髮（爆炸頭？）晉身華麗時尚，插隊而且無論在哪講話都超大聲，以手指按壓來確認超市賣的水蜜桃之新鮮度，在繁花滿開的花園強摘大波斯菊等諸如此類英勇事蹟是數也數不盡。乍看之下，沒有比她們更令人困擾的存在了，然而若將其畫為漫畫，其有哏的程度是無人能及啊！
君磨呂

譯註：綾小路君磨呂，日本知名老牌搞笑藝人，喜歡拿中老年人的生活當哏。

而且！就算是這樣的歐巴桑當中也存在著命中注定最強的歐巴桑，她們所聚集的地方，就是大阪！！那裡是歐巴桑們的聖域（sanctuary），那裡有普通歐巴桑所無法企及，自超越人類理解的潮流品味（第87感）中甦醒的黃金歐巴桑們，身上裝備著虎紋或豹紋的聖衣（就是件衣服），
（每天在難波的市街上來回走動著。）
野豹座 和江
猛虎座 昌子
吃螃蟹就在北海道！！鮪魚在大間！！歐巴桑就在大阪！！
我想要狂拍這種正宗的歐巴桑！！
大阪的魅力可不只歐巴桑！！
?!
早安，各位。
噢～～
呵呵呵
啊，齋藤先生！
齋藤先生
澎湃野吉系列發行出版社「主婦與生活社」派來的編輯。掌管旅費預算，是我們的領導者。是個不僅精通銀座的美味店家，也常常給我點心的人。
小澎啊，這樣是不行的唷～
若提到大阪，首先要知道的是……
之後，齋藤先生開始……
是道頓堀唷。那邊的固力果招牌。正確地說，那個固力果商標在2014年重新翻修後，現已改為LED燈招牌了。接著要知道同樣在道頓堀也很有名的吉祥物，食倒人偶，他其實有個名字，叫做太郎。那間店本身已經歇業，不過人偶現在還是立在商店街之中。他的弟弟叫做次郎，堂弟叫做樂太郎。啊啊對了，萬博紀念公園的太陽之塔啊，那個是岡本太郎的作品。啊，說到太郎呢，食倒太郎
的爸爸的名字是老爸
口若懸河
滔滔不絕
非，常抱歉！！
請您饒了我吧！！
學識真夠淵博。

譯註：此段是聖鬥士星矢的哏，聖鬥士們是第七感覺醒的人們，而黃金歐巴桑就……

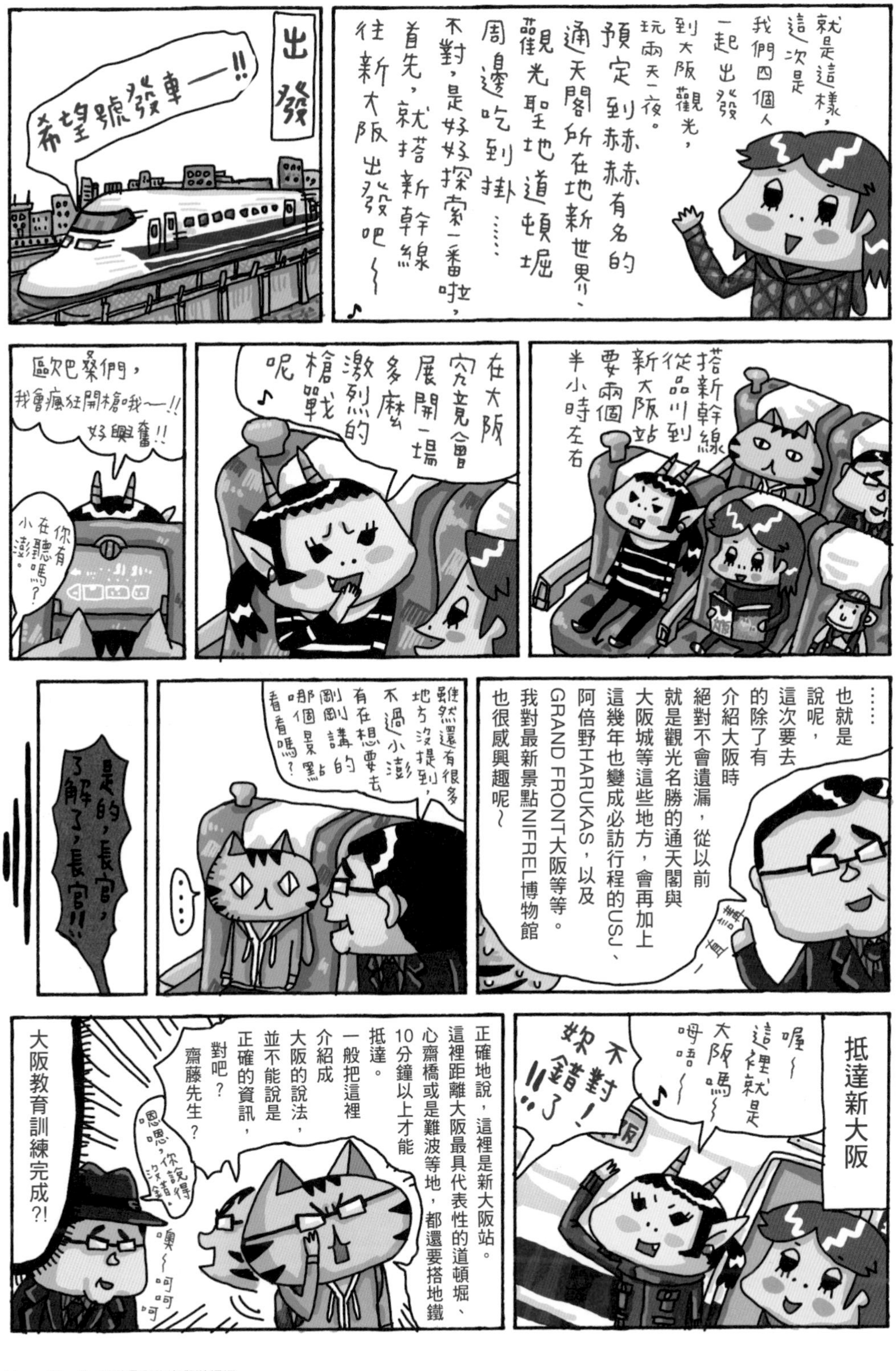
就是這樣，這次是我們四個人一起出發到大阪觀光，玩兩天一夜。預定到赫赫有名的通天閣所在地新世界、觀光聖地道頓堀周邊吃到掛……不對，是好好探索一番啦，首先，就搭新幹線往新大阪出發吧～
出發
希望號發車──!!
搭新幹線從品川到新大阪站要兩個半小時左右
在大阪究竟會展開一場多麼激烈的槍戰呢
歐巴桑們，我會瘋狂開槍哦──!! 好興奮!!
你有在聽嗎？小澎。
……也就是說呢，這次要去的除了有介紹大阪時絕對不會遺漏，從以前就是觀光名勝的通天閣與大阪城等這些地方，會再加上這幾年也變成必訪行程的USJ、阿倍野HARUKAS，以及GRAND FRONT大阪等等。我對最新景點NIFREL博物館也很感興趣呢～
雖然還有很多地方沒提到，不過小澎有在想要去剛剛講的哪個景點看看嗎？
……
是的，長官，了解了，長官!!
抵達新大阪
喔～這裡就是大阪嗎～ 唔唔～
不對！錯了!!
正確地說，這裡是新大阪站。這裡距離大阪最具代表性的道頓堀、心齋橋或是難波等地，都還要搭地鐵10分鐘以上才能抵達。一般把這裡介紹成大阪的說法，並不能說是正確的資訊，對吧？齋藤先生？
嗯嗯，你說得沒錯。
噢～呵呵呵
大阪教育訓練完成?!

盯——
那～總之就以通天閣為目標，先去新世界那邊吧。我看看……
要搭地鐵在「動物園前站」下車對吧。我去幫大家買票吧。
……欸，完全沒有穿著虎紋或豹紋的歐巴桑耶～現在是怎樣……
呣唔～也沒有看起來好像能讓我開槍的大媽。
猛盯
叩隆咔答——
我知道了!!一定是在電車裡面啦。
大阪歐巴桑……到底在哪啊。
叩隆咔答——
但是呢～還是不對。
是胡麻斑海豹紋嗎？
這有點可疑!!
不對。

譯註：鬼太郎和來太郎的日文發音相同。

鏘鏘來太郎是鏘鏘橫丁專屬的吉祥物，外觀設計來自通天閣的造型。由於鏘鏘橫丁的「鏘鏘」是取自三味線的琴聲，因此他拿著一把三味線。
通天閣
要說是可愛的話真的很微妙，不過好像不是邪惡的妖怪呢，爸爸。
往商店街裡GO！
2号店
唔～嗯，雖然不少店家已經拉下鐵門了，不過這街景讓人感受到往日的好時光呢♪
是的，正是如此，論及源頭，橫丁本來就是一種
歐巴桑在哪呀？
華麗的歐巴桑在哪裡呀？
嗯？這裡面人好多喔……他們在做什麼？
咦～是下圍棋和將棋的店?!
三桂クラブ
老派!!
唔～這裡的懷舊感真的就像時光停止了一樣，感覺真不錯啊。
東張西望
哇哇，這裡又有一間超復古的電動間耶～
新世界是說每間店都掛太多燈籠了吧
每種桌遊只要50円
超、超便宜的!!

好老派的說法!!
呃，但也沒錯啦，就是娛樂的場所嘛，嗯嗯……
咚—
娛樂場?!
実施中
かすが娯楽場
裡頭長怎樣啊～有放最新機台嗎？這家電動……
炸串
與章魚燒、大阪燒並稱大阪三巨頭之一的有名料理。
新世界被視為炸串的發源地，炸串店一間接著一間。
提到新世界，一定要吃炸串！
大阪的章魚燒雖然很有名，
不過現在炸串也是必吃的名產喔！
這樣啊～
名物
串かつ
喔！炸串店耶。
?
串かつだ
大阪新世界元祖
怎麼又是賣炸串的!!
串かつ
酒
哇，這間也是炸串店。
光是看到這麼多的炸串店
就已經那個……
鏘鏘橫丁
炸串店圖解
通天閣
炸串
炸串
炸串
炸串
炸串
橫丁盡頭的外面
好像還有更多唷～
欸，這附近整個都是炸串店啊！

肚子餓了……
咕嚕咕嚕
肚子也差不多餓了，那大阪美食第一站就吃炸串吧！小澎覺得吃哪家好？
嗯～果然還是要挑老店比較好啊～看起來就很有名的那種。
串かつ
どて焼
てんぐ
串かつどて焼
這家感覺還不錯吧？
串かつ
老闆～有營業嗎？
長長的吧檯包圍著廚房，長年不曾改變的懷舊氛圍令人感到很舒服，真不錯。
客人也多半是上了年紀的~~老頭子~~老爺爺，或是穿著工作服，大白天蹺班到這裡喝點小酒的大叔等等。
哇～!!這就是人稱大阪炸串必備良伴的生高麗菜!!
堆積如山
盒子很大
還有蘸炸串的醬汁!!

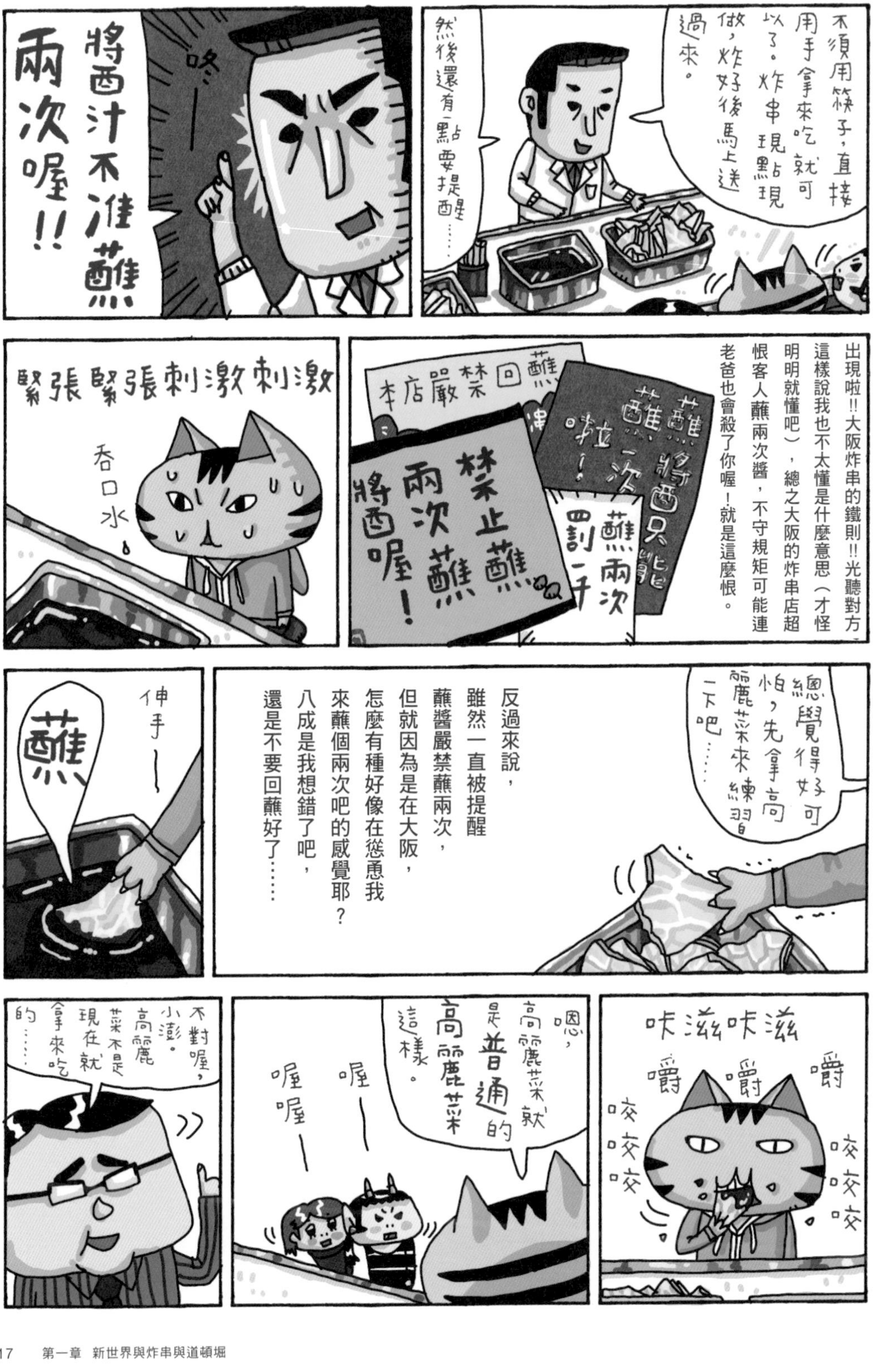

不須用筷子，直接用手拿來吃就可以了。炸串現點現做，炸好後馬上送過來。
然後還有一點要提醒……
咚——
將醬汁不准蘸兩次喔!!
出現啦!!大阪炸串的鐵則!!光聽對方這樣說我也不太懂是什麼意思（才怪明明就懂吧），總之大阪的炸串店超恨客人蘸兩次醬，不守規矩可能連老爸也會殺了你喔！就是這麼恨。
本店嚴禁回蘸
醬汁只能蘸一次啦！
禁止蘸兩次醬喔！
蘸兩次罰一千
緊張緊張刺激刺激
吞口水
總覺得好可怕，先拿高麗菜來練習一下吧……
反過來說，雖然一直被提醒蘸醬嚴禁蘸兩次，但就因為是在大阪，怎麼有種好像在慫恿我來蘸個兩次吧的感覺耶？八成是我想錯了吧，還是不要回蘸好了……
伸手——
蘸
咔滋咔滋
嚼
嚼
嚼
咬咬咬
咬咬咬
嗯，高麗菜就是普通的高麗菜這樣。
喔——
喔喔——
不對喔，小澎。高麗菜不是現在就拿來吃的……

要配著炸串吃才對唷。高麗菜可以去除炸串的油膩感，不僅是最適合的配菜，如果醬汁沾得太少，也有人會用高麗菜再撈一些醬補沾……
對對，對不起啦!!
那～～差不多要來點菜了吧！大家要吃什麼啊～～？
炸花枝
炸蘆筍
炸雞蛋
炸串
燉牛筋
全都來……
總之先點一輪招牌菜色吧～～燉牛筋好像也很有名，所以也各點一份……
好便宜喔～炸串一支只要一〇〇圓耶！
呵呵呵呵
然後吃炸串當然就是要配……啤酒囉♪
要喝的人舉手～～～？
我
我
我
請給我烏龍茶
噹——
真假？
啊～～大家不用顧慮我，盡量喝吧。漫畫裡我會畫吃炸串配啤酒的，這樣比較有張力……
噢～～小澎你也喝嘛。
不行啦～～最近酒量突然變得好差，喝了就會馬上睡著，什麼也都會忘光光囉～把取材的過程全部忘掉可就不好了吧？
風中殘燭
四處潑灑
完全是個老人!!

來一這是燉牛筋。
哇～上菜了上菜了～♪
燉牛筋
將牛筋以白味噌調味後燉煮（？）或燒烤至軟嫩，大阪的炸串店基本上都有這道料理。白味噌在淺淺的鐵鍋中咕嘟咕嘟直冒泡，看起來像是燉……但其實算是以烤的方式調理，所以好像和東京的燉菜不太一樣。
濃～郁～
哇～看起來好香好濃的～♡
好燙!!
呼哈呼哈
好甜!!
白味噌濃郁的滋味與甘甜滲進Q彈的牛筋裡，入口即化～
抖 抖 抖
炸串上菜—！
熱氣
來了!!
呵呵～！♪
小小的，麵衣也和炸豬排不同，細緻的感覺好像西式料理～
因為只能沾一次，那就多蘸一點～♪
伸手～
沾

呼—
好~好吃!!
牛肉
咔滋
醬汁濃郁
麵衣較厚
炸豬排
麵衣較薄
蘸醬較稀
炸串
我懂了，雖然同樣是炸肉排，
但是炸串與炸豬排之類
又有許多不同之處！
炸串分量較小，
薄麵衣也降低了炸物
獨有的濃膩感，
似乎變得很容易入口呢。
再加上規定只能蘸一次的蘸醬，
質地類似伍斯特醬清爽不黏稠，
蘸了味道也不會變得很重，
爽脆的口感簡直
再多都吃得下♪
呼哈—
狂喝猛灌
咔滋咔滋
吃炸串配什麼
烏龍茶啊我
……
大口喝酒 大口吃肉

嗯～吃完炸串再配高麗菜，果真爽口啊。論其原因，這高麗菜中所含有的維他命……
花枝來了ー!!
轉頭
啪滋啪滋
咔滋咔滋
很危險耶!!
一滑!!
退
用力拔拔拔拔……
移動……
使勁
喜歡花枝～～
咔
這是蘆筍
這是炸雞蛋
炸蓮藕～
炸串
不要生氣嘛～啊花枝就～～很難咬下來啊～～
……
彈跳跳……
全部吃光光～
再刷——
我刷——
14串

題外話，
我回去後
查了查
這家隨興
挑中的炸串店，
才發現是
超級名店！
如同外觀所見，
這間店開了相當久，
有上過電視也接受過雜誌
採訪，連名人也會去吃，
非常受歡迎。
牆壁上好像還掛著
「那位」名人的掌印喔！
天啊———!!
完全沒發現啊～～
好可惜喔，超想看的啦。
居然!!
那位名人的掌印
To TENGU
SUN SHINE
什麼?! 陽光人的掌印？蛤？惡魔超人欸？超酷的——!! 啊?!
陽光人掌印
就這樣以炸串
飽餐一頓的
小澎一行人。
穿越鏘鏘橫丁後，
映入眼簾的是……
ジャンジャン ジャンジャン
心情啊～的鏘鏘啦！
又是炸串店。
串かつ
小町
名物
串かつ
還有啊?!
連伴手禮T恤都印著炸串
真的假的啊?!
串
カツ
推銷炸串竟推得竟如此露骨，
總覺得此手法雖然看似是基於
「將新世界作為大阪新據點」的
概念而來的，然而這不過是
表面的理由，其真正的目的
乃在於掀起一場將炸豬排導向
炸串的人類習性革命。
以炸串輕脆麵衣與清爽蘸醬之力，
整肅被「炸肉排就是炸豬排」
這種成見所囿的傳統人類，
並將過往那守護厚麵衣，
行動膠著於濃稠豬排醬中
不得動彈的世界
轉變為嶄新的
炸肉排世界——
「新世界」，
這才是他們的目的吧!!
在那裡，
靈魂被脂肪
束縛的油膩人遭受迫害，
喜愛清爽感的新人類
以「炸肉排乃炸串」
蘸醬乃伍斯特醬」為暗號，
展開對油膩人的肅清行動，
嶄新的……
真慘烈……啊
我們要先走了，不理你了喔～!
啪——
你們啊——!! 看那邊!!

咚
哇啊——!!
串かつホルモン専門店
朝日
タコ天閣
もつ鍋
超有大阪感—♪
好閃亮～♥
好誇張～♥
尤其街上的電燈泡不是蓋的，像是這種……
閃亮
閃亮
閃亮
閃～亮亮亮!!
還有這種……
大阪店家的電費很驚人吧
欸欸你們看，連這種電動間……呃是娛樂場所的招牌也裝滿了電燈泡耶。
大阪電燈泡的用量是全日本第一名吧?、是說……
閃～亮亮～!

這是啥咪東西啊？
Smartㄘ？
Smart Ball New Star
一次一百圓
這種看起來老舊的電動間……
不對是娛樂場所之中的
Smart Ball究竟是何方神聖……
我們將會與新銳巨星對峙嗎?!
好～到底是怎樣精緻、俐落又洗鍊的高科技之球呢？讓我們來看看吧～♪
都說Smartㄋ嘛
看起來好像在拉那個咔喳咔喳響的東西……
使勁用力
叩隆叩隆叩隆
叩隆叩隆叩隆
咔嚓咔嚓
咔喳咔喳
外觀像是柏青哥機台平放？
或是變種的彈珠檯？
總之是這種類型的遊戲機。
SMART BALL
投入錢幣後會滾出數十個珠子，
再以彈珠檯的要訣發射，
讓珠子四處亂彈，
巧妙地讓珠子彈入
寫有數字的洞口中就可以了。
啊是聰明在哪？
嗯哼～
機台外殼
是滿有
味道的。
唔嗯……，這看起來像是小鋼珠的前身對吧？
沒在打小鋼珠所以也搞不太懂……!
要玩嗎？
100圓
耶～
要玩要玩～
玩一次一百圓。
投入硬幣後
會滾出固定數量的彈珠。
叮叮～
100
投入口
100
投入口
15
5
5

編註：本書所標示的圓皆為日圓。

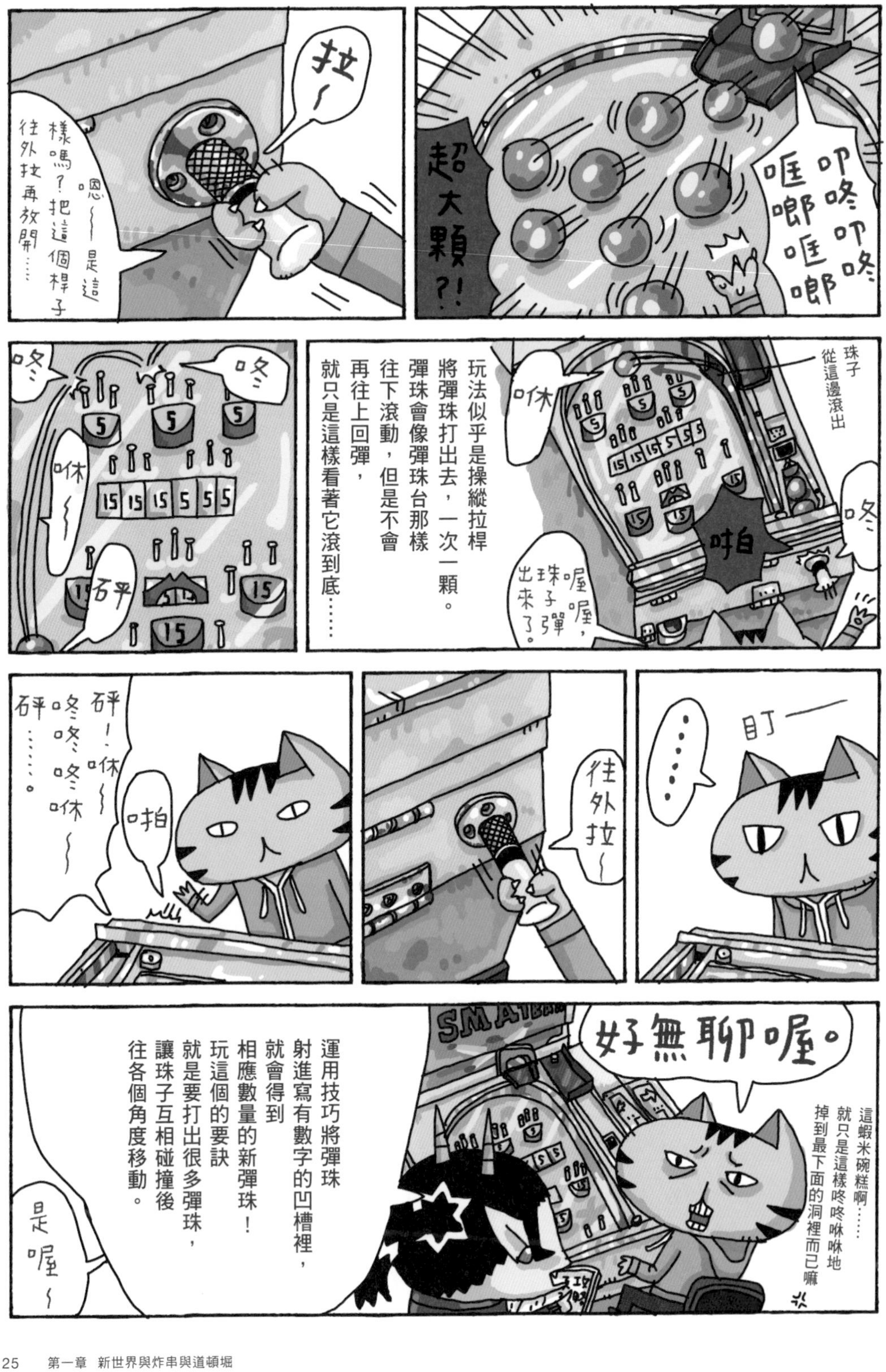
拉～
嗯～是這樣嗎？把這個桿子往外拉再放開……
超大顆？！
叮咚叮咚哐啷哐啷
珠子從這邊滾出
玩法似乎是操縱拉桿將彈珠打出去，一次一顆。彈珠會像彈珠台那樣往下滾動，但是不會再往上回彈，就只是這樣看著它滾到底……
咻
咚
啪
喔喔，珠子彈出來了。
咚
咚
咻～
砰
砰！咻～咚咚咚咻～砰……。
啪
往外拉～
盯──
……
運用技巧將彈珠射進寫有數字的凹槽裡，就會得到相應數量的新彈珠！玩這個的要訣就是要打出很多彈珠，讓珠子互相碰撞後往各個角度移動。
好無聊喔。
這蝦米碗糕啊……就只是這樣咚咚咻咻地掉到最下面的洞裡而已嘛
是喔～

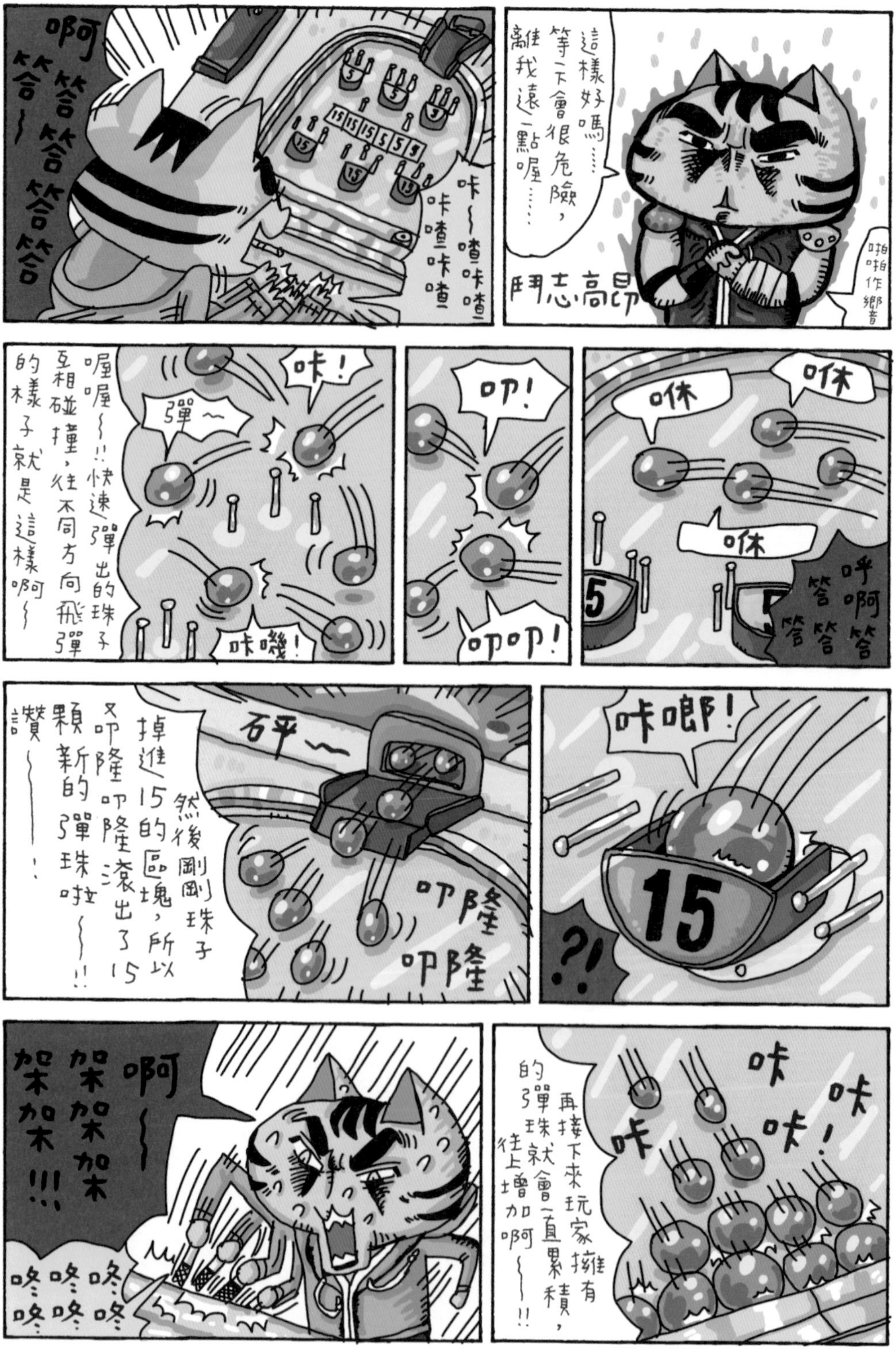
這樣好嗎……
等一下會很危險，
離我遠一點喔……
鬥志高昂
啪啪作響
咔~噠咔噠
咔噠咔噠
啊答答答答答答~
咻
咻
咻
呼啊答答答答
叩!
叩叩!
喔喔~!!快速彈出的珠子互相碰撞，往不同方向飛彈的樣子就是這樣啊~
咔!
彈~
咔嘰!
咔啷!
?!
然後剛剛珠子掉進15的區塊，所以又叩隆叩隆滾出了15顆新的彈珠啦~!!
讚~~!
砰~
叩隆
叩隆
再接下來玩家擁有的彈珠就會一直累積，往上增加啊~!!
咔
咔!
咔
咔
啊~~
架架架
架架架!!!
咚咚咚
咚咚咚

無力……
呼
要把接二連三滾出來的珠子打飛再打飛也是相當耗時的，
不過老闆，
我把全部的珠子都打完囉！
嘿嘿嘿♪
是說這遊戲的目的是什麼啊？打得越久越高賺嗎？
不對唷，小澎。
200玉
120玉
50玉
30玉
留下打到的彈珠，根據累積的數量可以換不同的獎品唷！
怎麼不先講～～!!
我剛剛打到超多的，還火力全開把全部都打回去了啦～～!!
看小澎玩感覺好像很簡單耶，我們也想玩啦—
那大家都來玩吧？錢我出，來，一個人玩一次喔。
耶～得到一百圓了！謝謝～～♪
叮叮—
叮叮—
叮叮～
叮叮～
目標鎖定彈珠檯獎品！
大家來挑戰～～!!
……不行了，沒珠子了。
咔啦

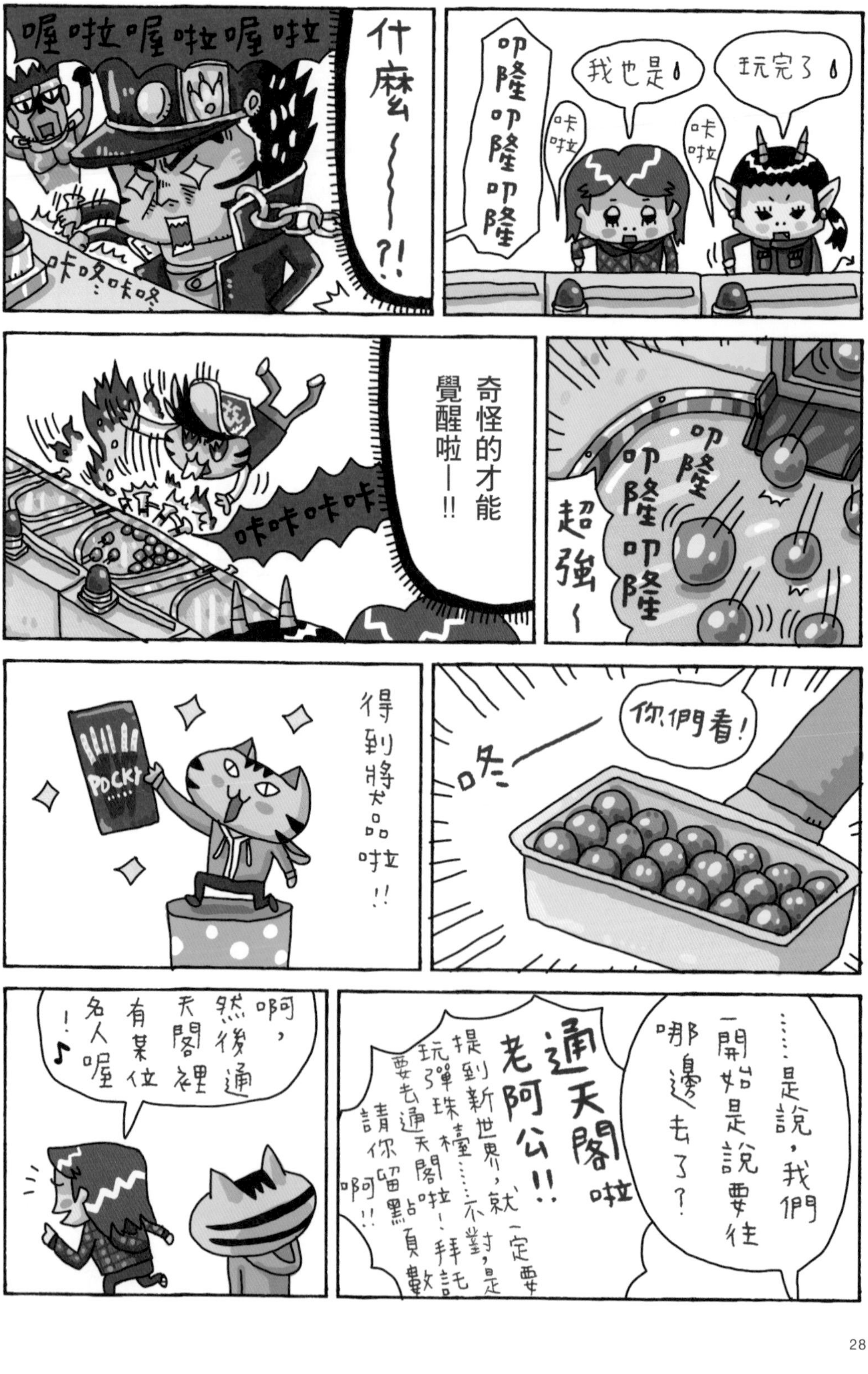
玩完了
咔啦
我也是
咔啦
叩隆叩隆叩隆
什麼~~~?!
喔啦喔啦喔啦
咔咚咔咚
超強~
叩隆叩隆叩隆
奇怪的才能覺醒啦——!!
咔咔咔咔
你們看!
咚——
得到獎品啦!!
POCKY
……是說,我們一開始是說要往哪邊去了?
通天閣啦老阿公!!
一定要提到新世界,就要去通天閣啦!不對,是玩彈珠檯……拜託請你留點頁數啊!!
啊,然後通天閣裡有某位名人喔!♪

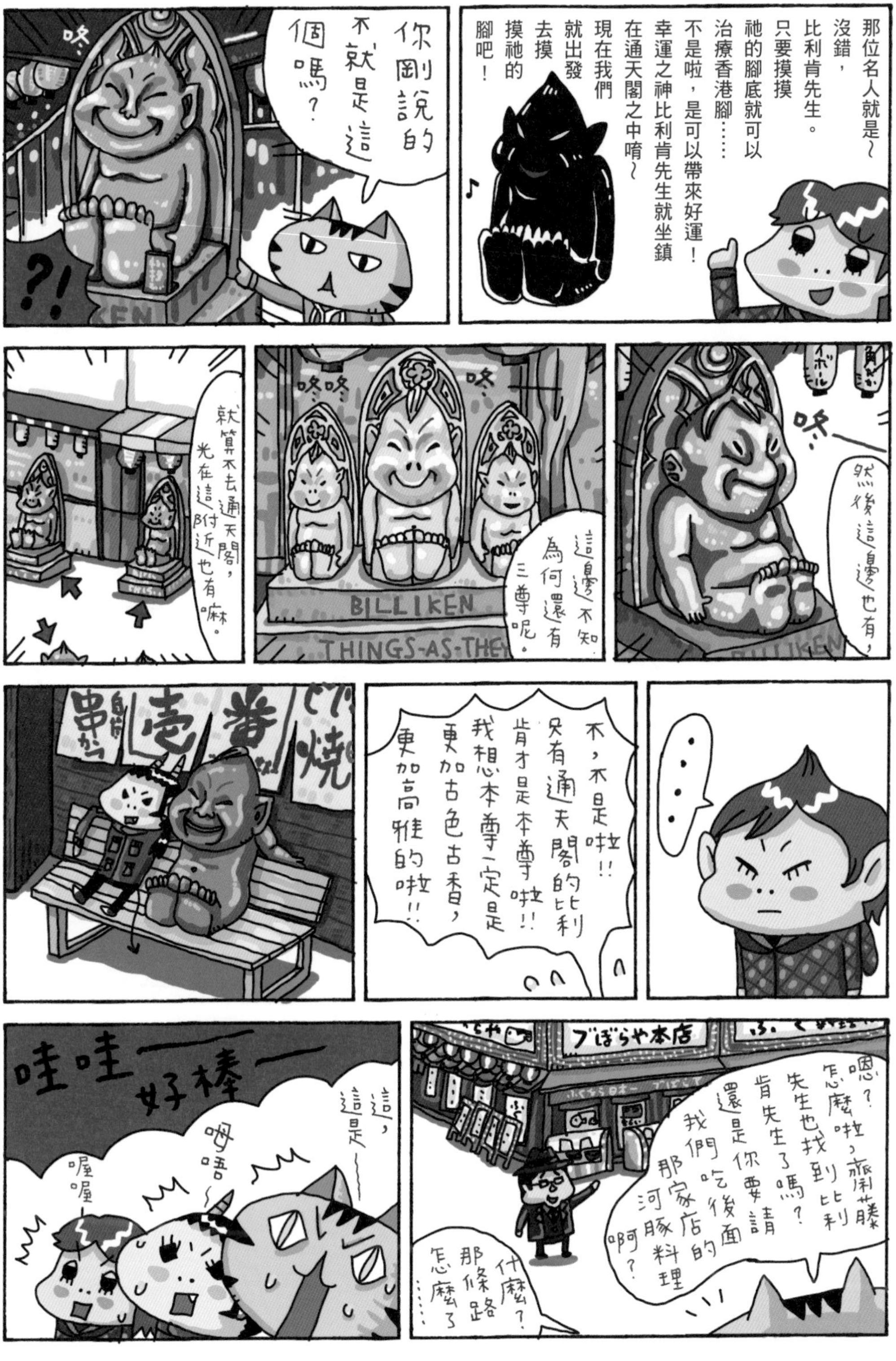
那位名人就是～
沒錯，比利肯先生。
只要摸摸祂的腳底就可以治療香港腳……
不是啦，是可以帶來好運！幸運之神比利肯先生就坐鎮在通天閣之中唷～
現在我們就出發去摸摸祂的腳吧！
咚
你剛說的不就是這個嗎？
?!
咚
然後這邊也有，
咚咚
咚
這邊不知為何還有三尊呢。
BILLIKEN
THINGS-AS-THEY
就算不去通天閣，光在這附近也有嘛。
……
不，不是啦!!
只有通天閣的比利肯才是本尊啦!!
我想本尊一定是更加古色古香，更加高雅的啦!!
壱番
焼
づぼらや本店
嗯？怎麼啦，齋藤先生也找到比利肯先生了嗎？
還是你要請我們吃後面那家河豚料理啊？
什麼？那條路怎麼了……
哇哇——好棒——
這，這是～～
唔唔～
喔喔

哇啊——!!
横綱
酒処
大小宴会承り中
半田屋酒店
9-22
1Fカウンター席
2F座敷あります
1本80円～
欸!這條路盡頭那個裝模作樣站得很挺拔的傢伙,就是之前你說的那個傲嬌客對吧?
你是說通天閣嗎!!我們到正下方看看吧,Let's go~!!
興奮大跑——
喔喔喔~~
這就是傳說中的通天閣嗎~~

譯註:通天閣日文音近傲嬌客。

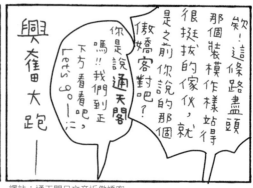

超級隨便的圖解 通天閣

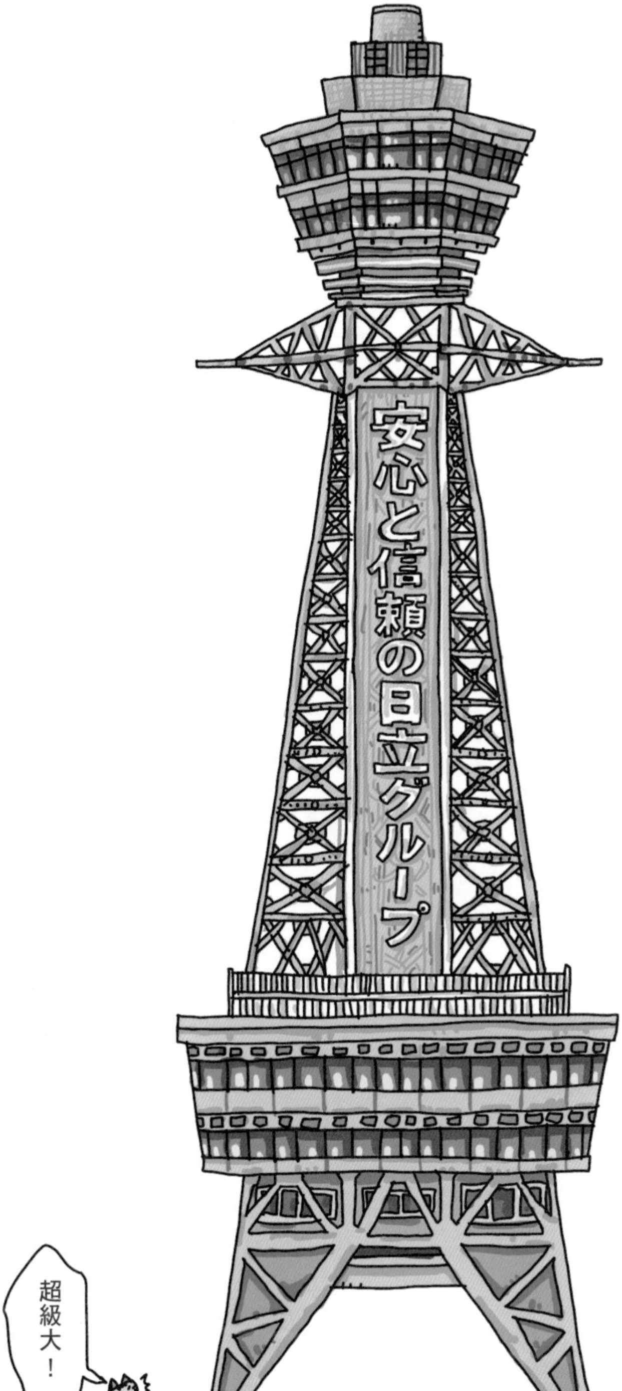
安心と信頼の日立グループ
超級大！

全長

大概是　100 公尺

重量

差不多　1000 噸

身高和體重都差不多是
孔巴特拉V的兩倍左右

雖然我想沒有人不知道
孔巴特拉V的身高體重啦，
但總之就補充一下，
他57公尺，重550噸。

譯註：《超電磁機器人 孔巴德拉V》是日本的機器人動畫。孔巴德拉V，是由五名駕駛員分別駕駛五機合體而成的機器人

是觀景台啊~~!
日立
是日立集團
啊~~!
巨~~大~~

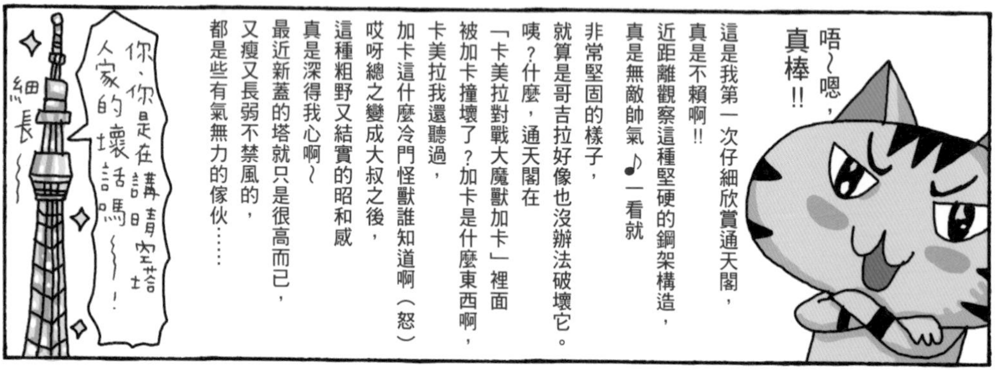
唔~嗯，真棒!!
這是我第一次仔細欣賞通天閣，
真是不賴啊!!
近距離觀察這種堅硬的鋼架構造，
真是無敵帥氣♪一看就
非常堅固的樣子，
就算是哥吉拉好像也沒辦法破壞它。
咦?什麼，通天閣在
「卡美拉對戰大魔獸加卡」裡面
被加卡撞壞了?加卡是什麼東西啊，
卡美拉我還聽過，
加卡這什麼冷門怪獸誰知道啊(怒)
哎呀總之變成大叔之後，
這種粗野又結實的昭和感
真是深得我心啊~
最近新蓋的塔就只是很高而已，
又瘦又長弱不禁風的，
都是些有氣無力的傢伙……
你、你是在講晴空塔人家的壞話嗎~~!
細長~~

精準地說
就是要鋼架才對吧~~!!
要像東京鐵塔這樣才有味道，才夠帥啦~~!!
才剛這樣想呢，結果這兩個塔居然是同一個人設計的!!
……我，我早就猜到了(騙人)!!
鋼架熊讚~
內藤多仲
1886~1970
到底是內藤還是田中啊，這點先好好說明一下吧……
咦?多仲?「ㄉㄨㄛ ㄓㄨㄥˋ」是嗎?
哇~看起來是田中結果是多仲，好個厲害的名字啊。而且名字裡面「塔」的去也太多了吧!真是神巧合~!許多有名的鐵塔，像是東京鐵塔或是通天閣(第二代)等等，都是人稱「塔博士」的他在戰後一座座建造出來的喔。

譯註：多仲也可讀成TANAKA，與日本常見的姓氏「田中」同音。

這位塔博士到底有多厲害呢?現在日本各地的鋼骨鐵塔幾乎都是由他設計的。
那我想該不會三多利的鐵骨飲料也是這個人企劃的吧?!
當然不是啦……
名古屋電視塔
札幌電視塔
別府塔
博多港塔
那其實鷲尾伊沙子是他的孫子之類的，才會有那麼艱辛的人生插曲……
沒有啦，抱歉。呃……
現在這個通天閣呢，就如上面介紹多仲博士時所提到的一樣，其實是第二代唷!!
什麼~~
這就好像說到老虎假面卻不是大家所知的伊達直人?
假面騎士不是本鄉猛這樣嗎?!
不過本鄉猛也是不得已，因為車禍意外，陷入了必須在腿裡打鋼筋的危機……鋼筋?!
難道剛好幫他動手術的醫生就是多仲醫師嗎?!
噠噠
啪答

……他腿裡埋的是金屬管啦。

譯註：鷲尾伊沙子是鐵骨廣告飲料女主角……

接下來介紹，這就是傳說中的第一代通天閣!!
鏘——
震驚——
嗚哇啊～
總覺得上下兩個部位沒什麼整體感，而且下面那個也太像巴黎凱旋門耶。……
雖然是我猜的啦，但這是在凱旋門上面……插上艾菲爾鐵塔嗎？受到啟發後先致敬再拼貼的冒牌貨？
哎啊說什麼冒牌貨……就只是模仿而已嘛（還不都一樣）。當時大阪財經界的重要人士土居通夫這位仁兄是巴黎的大粉絲……不是啦，是因為大阪那時也要辦博覽會，他就先去了巴黎萬國博覽會參訪，結果可能是很喜歡這兩座建築物還是怎樣的（我亂講的），他回來就說艾菲爾鐵塔和凱旋門超讚的啦，YOU們也照那個樣子做一個吧♪到底有沒有說我也不知道（查清楚啦），好像之後的成果就是那個第一代……好險後來變成第二代了♪要是留到現代可就不得了啦。
土居通夫
進入入口後要先往地下走。
通天閣
展望台
入口
我是要往上，怎麼變成往下咧～!!
這不知為何帶有節慶感的展望台門票……不，該說是祈福門票吧。成人票是七百圓。
通天閣
是印刷的
電梯搭到五樓就是黃金展望台。
金光閃閃?!
閃亮——
在這麼高的地方還能金光閃閃～!!
日立グループ
繞著標高87.5公尺的展望台走一圈，可以眺望大阪的風景。
哇～好高喔～♪
好棒喔～♪
咦？是說小澎上哪去了？

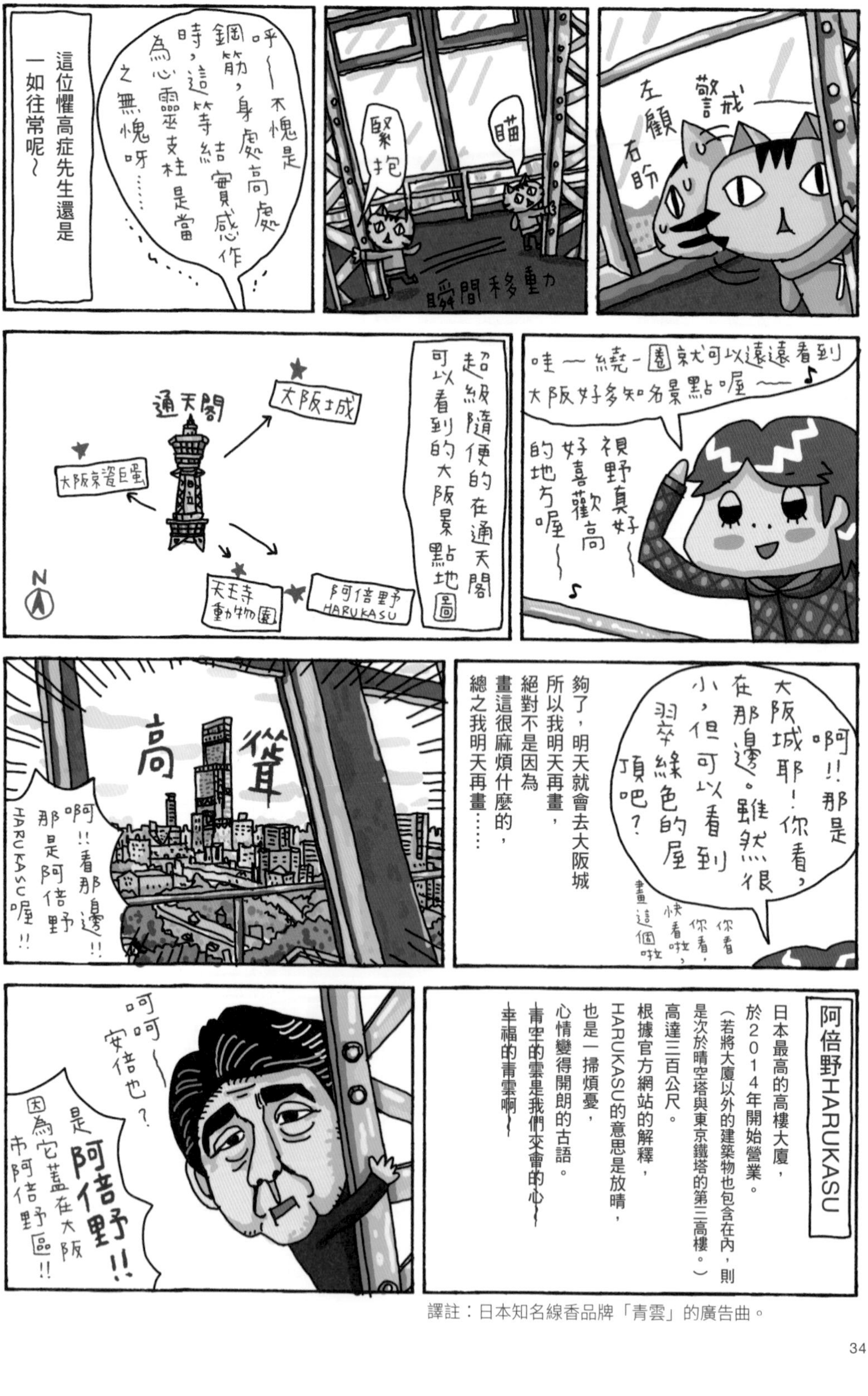
警戒
左顧右盼
瞄
緊抱
瞬間移動
呼~不愧是鋼筋,身處高處時,這等結實感作為心靈支柱是當之無愧呀……
這位懼高症先生還是一如往常呢~
哇~繞一圈就可以遠遠看到大阪好多知名景點喔~~♪
視野真好~好喜歡高的地方喔~♪
超級隨便的在通天閣可以看到的大阪景點地圖
通天閣
大阪城
大阪京瓷巨蛋
天王寺動物園
阿倍野HARUKASU
N
啊!!那是大阪城耶!你看,在那邊。雖然很小,但可以看到翠綠色的屋頂吧?
你看 你看,快看啦,畫這個啦
夠了,明天就會去大阪城
所以我明天再畫,
絕對不是因為
畫這很麻煩什麼的,
總之我明天再畫……
高聳
啊!!看那邊!!那是阿倍野HARUKASU喔!!
阿倍野HARUKASU
日本最高的高樓大廈,
於2014年開始營業。
(若將大廈以外的建築物也包含在內,則是次於晴空塔與東京鐵塔的第三高樓。)
高達三百公尺。
根據官方網站的解釋,
HARUKASU的意思是放晴,
也是一掃煩憂,
心情變得開朗的古語。
青空的雲是我們來會的心~
幸福的青雲啊~
呵呵~安倍也?
是阿倍野!!
因為它蓋在大阪市阿倍野區!!

譯註:日本知名線香品牌「青雲」的廣告曲。

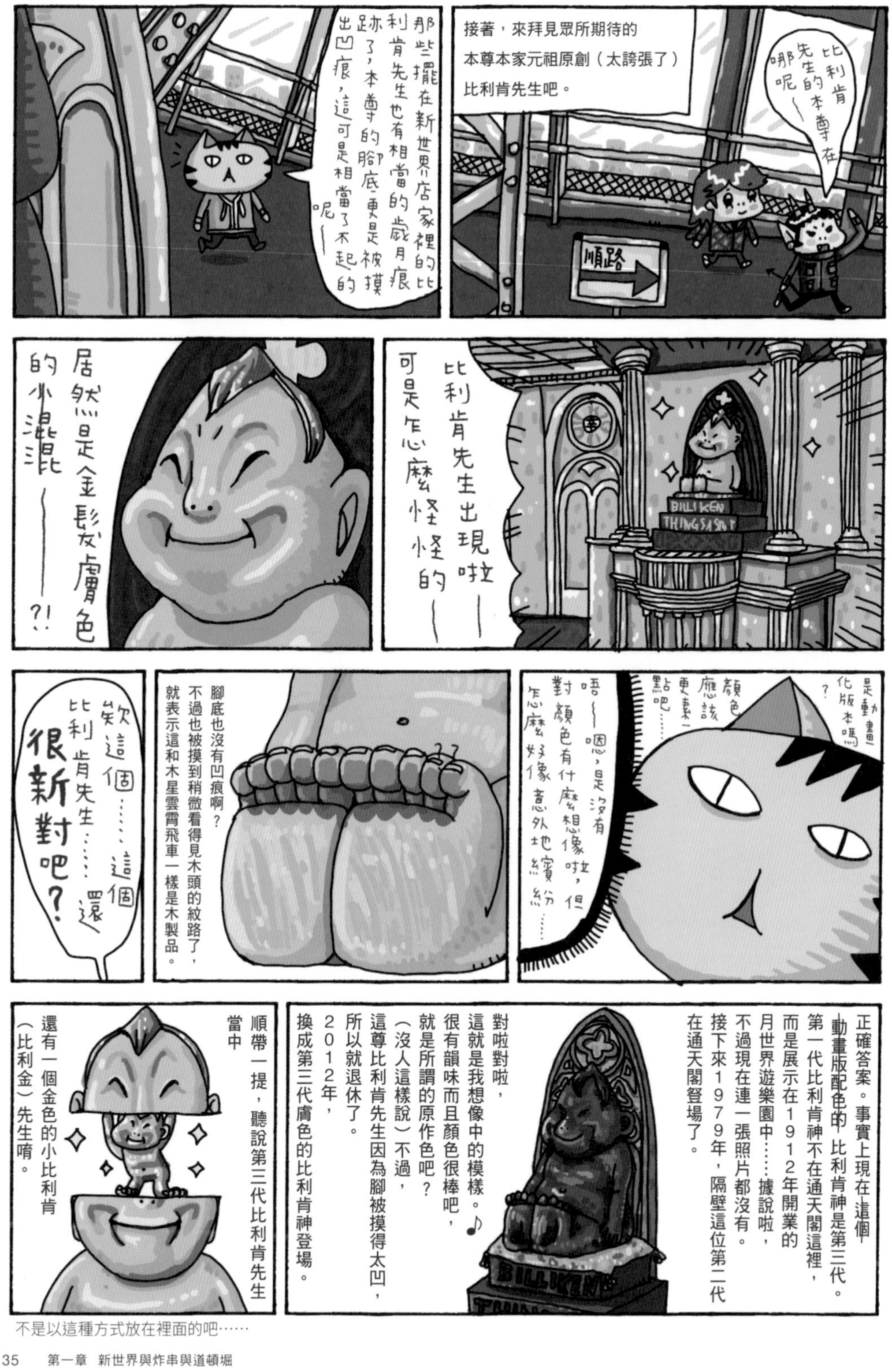
那些擺在新世界店家裡的比利肯先生也有相當的歲月痕跡了，本尊的腳底更是被摸出凹痕，這可是相當了不起的呢～
接著，來拜見眾所期待的本尊本家元祖原創（太誇張了）比利肯先生吧。
比利肯先生的本尊在哪呢～
順路
居然是金髮膚色的小混混～～?!
比利肯先生出現啦～
可是怎麼怪怪的～
BILLIKEN
欸這個……這個比利肯先生……還很新對吧？
腳底也沒有凹痕啊？不過也被摸到稍微看得見木頭的紋路了，就表示這和木星雲霄飛車一樣是木製品。
唔～嗯，是沒有對顏色有什麼想像啦，但怎麼好像意外地繽紛……
顏色應該更素一點吧……
是動畫化版本嗎？
正確答案。事實上現在這個動畫版配色的比利肯神是第三代。第一代比利肯神不在通天閣這裡，而是展示在1912年開業的月世界遊樂園中……據說啦，不過現在連一張照片都沒有。接下來1979年，隔壁這位第二代在通天閣登場了。
對啦對啦，這就是我想像中的模樣。♪很有韻味而且顏色很棒吧，就是所謂的原作色吧？（沒人這樣說）不過，這尊比利肯先生因為腳被摸得太凹，所以就退休了。2012年，換成第三代膚色的比利肯神登場。
順帶一提，聽說第三代比利肯先生當中還有一個金色的小比利肯（比利金）先生唷。
不是以這種方式放在裡面的吧……

接著新世界的下一站，我想終於要前往道頓堀了，不過……啊～會不會又……
從新世界到道頓堀只要搭電車就可以抵達了，可是……啊～
怎麼啦兩位?!來大阪當然一定要去道頓堀對吧?快點出發吧～♪
道頓堀
沒錯，提到大阪，必訪道頓堀！
與新世界並列為大阪代表的超有名觀光景點！
在那裡可以一邊吃著本格的章魚燒，
一邊在固力果巨大招牌前面拍紀念照，
也可以看到有名的食倒太郎。
好～
一鼓作氣到那邊走走吧～！♥
SUPER DRY
SUPER DRY
Asahi 生
Asahi 生
Glico
グリコ
CHINTAI
株式会社日本リード
くくる
「難波CITY」「難波PARKS」
嘩
颯——

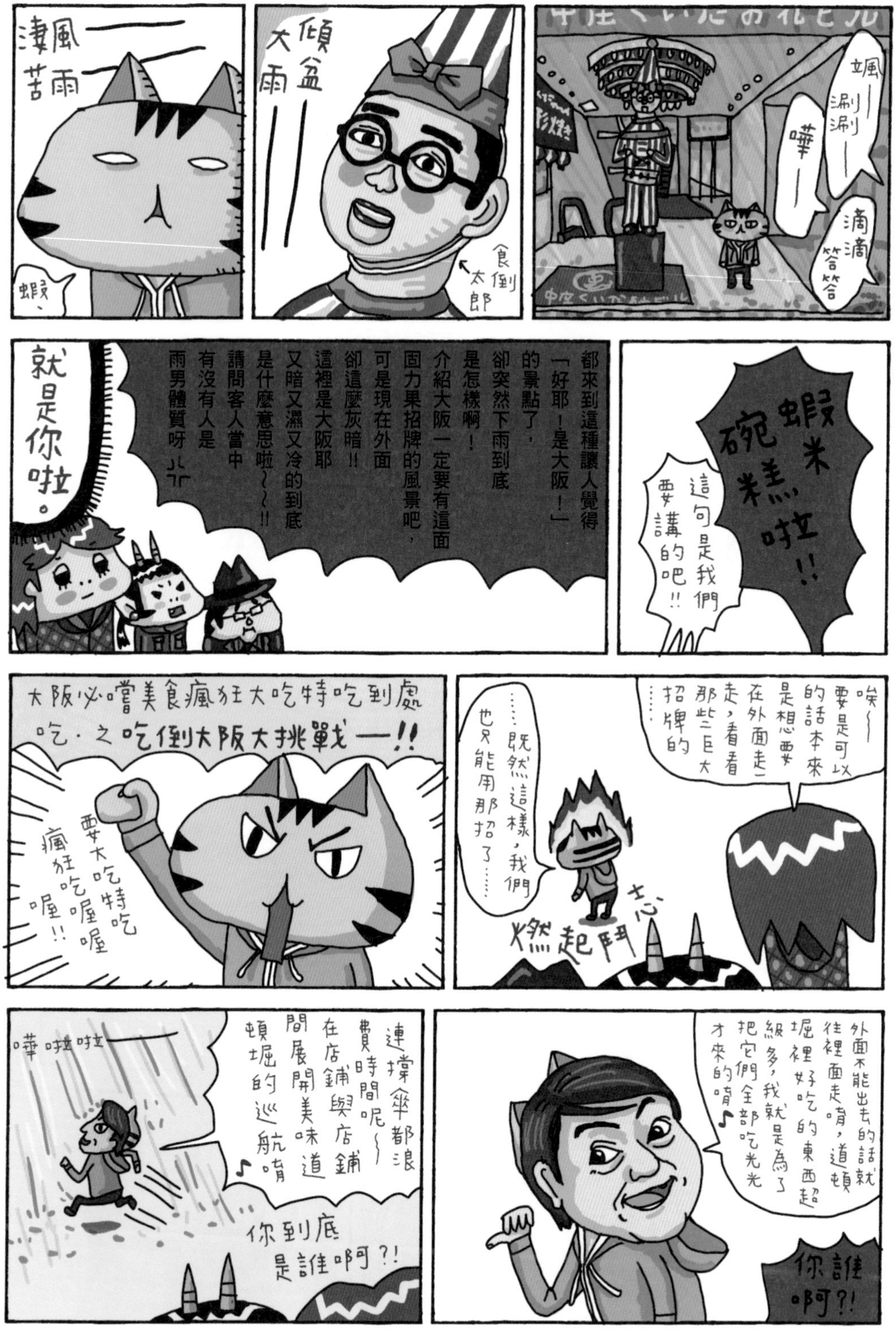
淒風——
苦雨——
蝦、
傾盆大雨
食倒太郎
颯——
涮涮——
嘩——
滴滴答答
都來到這種讓人覺得「好耶！是大阪！」的景點了，卻突然下雨到底是怎樣啊！介紹大阪一定要有這面固力果招牌的風景吧，可是現在外面卻這麼灰暗!!這裡是大阪耶又暗又濕又冷的到底是什麼意思啦~~!!請問客人當中有沒有人是雨男體質呀
就是你啦。
蝦米糕啦!!
這句是我們要講的吧!!
大阪必嚐美食瘋狂大吃特吃到處吃·之吃倒大阪大挑戰——!!
要大吃特吃瘋狂吃喔喔喔!!
唉~要是可以的話本來是想要在外面走走，看看那些巨大招牌的……
……既然這樣，我們也只能用那招了……
燃起鬥志
嘩啦啦——
連撐傘都浪費時間呢~在店鋪與店鋪間展開美味道頓堀的巡航唷♪
你到底是誰啊?!
外面不能出去的話就往裡面走唷，道頓堀裡好吃的東西超級多，我就是為了把它們全部吃光光才來的唷♪
你誰啊?!

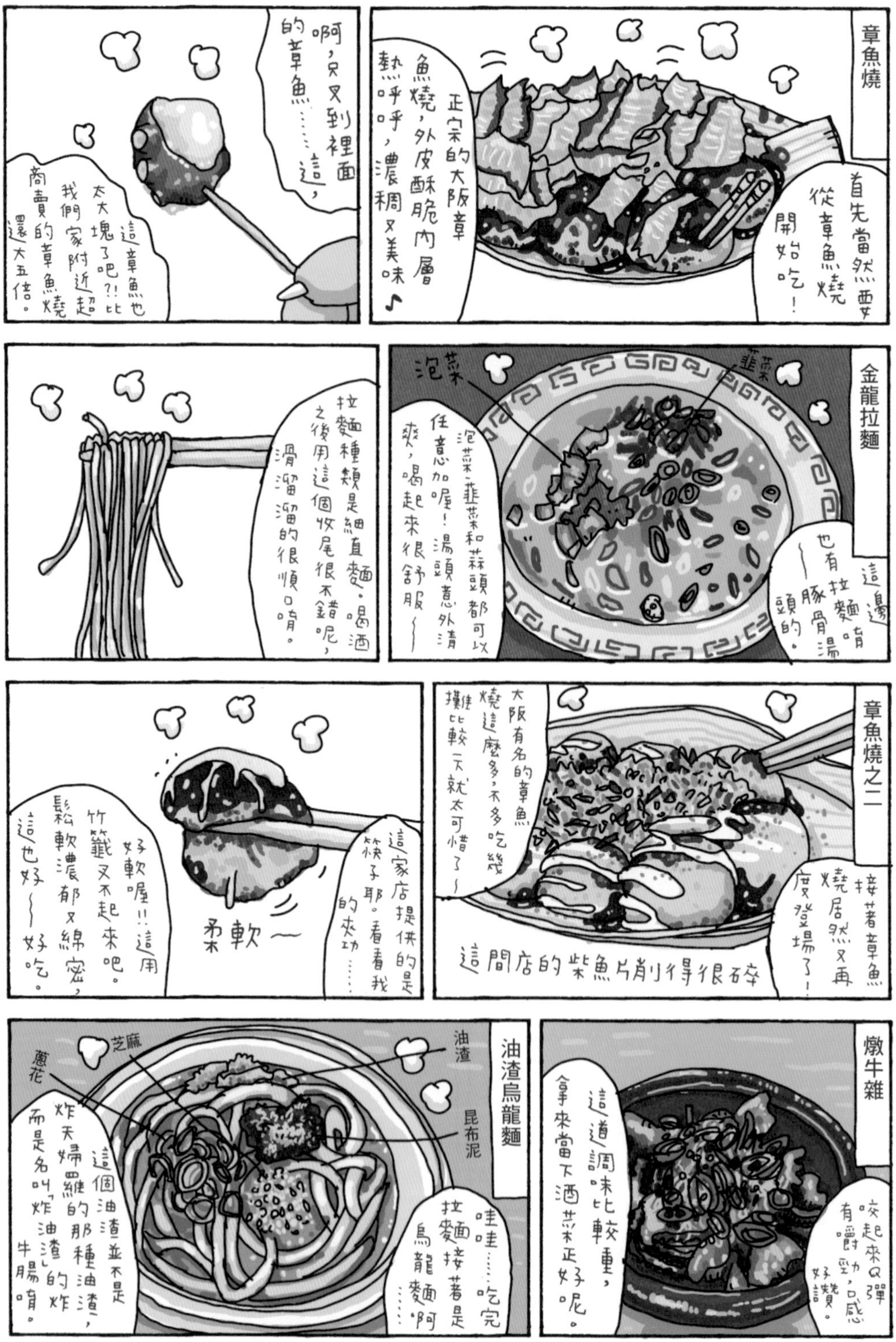
章魚燒
首先當然要從章魚燒開始吃！
正宗的大阪章魚燒，外皮酥脆內層熱呼呼，濃稠又美味♪
啊，只又到裡面的章魚……這，
這章魚也太大塊了吧？！比我們家附近超商賣的章魚燒還大五倍。
金龍拉麵
泡菜
韭菜
這邊拉麵唷也有豚骨湯頭的。
泡菜、韭菜和蒜頭都可以任意加喔！湯頭意外清爽，喝起來很舒服～
拉麵種類是細直麵。喝酒之後用這個收尾很不錯呢，滑溜溜的很順唷。
章魚燒之二
接著章魚燒居然又再度登場了！
大阪有名的章魚燒這麼多，不多吃幾攤比較一下就太可惜了～
這間店的柴魚片削得很碎
這家店提供的是筷子耶。看看我的夾功……
柔軟～
好軟喔！！這用竹籤叉不起來吧。鬆軟濃郁又綿密，這也好～好吃。
燉牛雜
咬起來Q彈有嚼勁，口感好讚。
這道調味比較重，拿來當下酒菜正好呢。
油渣烏龍麵
油渣
昆布泥
芝麻
蔥花
哇哇……吃完拉麵接著是烏龍麵啊……
這個油渣並不是炸天婦羅的那種油渣，而是名叫「炸油渣」的炸牛腸唷。

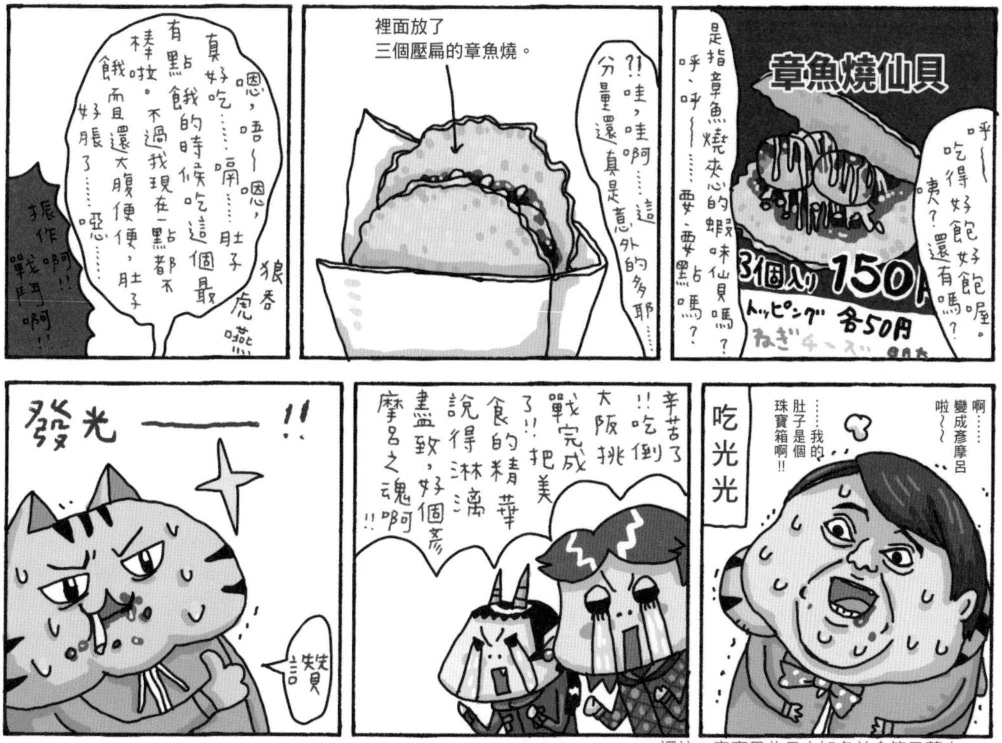

譯註：彥摩呂為日本知名美食節目藝人。

The Photo Gallery

彈珠檯比想像中更難上手，不知為何只有這位特別厲害，因此向他請教。

從這個角度可以一口氣飽覽超級誇張的招牌和通天閣，大家的心情馬上變得超HIGH！

來到大阪就是要大吃特吃！總之就是狂吃一大堆。當然我們也有去跟食倒太郎打招呼喔。

新世界是在有很多漂亮動物裝飾的「動物園前站」下車。從通天閣往下望，正下方的動物們也看得清清楚楚，好想去看看啊。不過因為時間不夠，只好作罷了。

祈求好運降臨，就來摸摸腳底～不過比利肯先生據說是美國人作夢夢到的神耶……感覺還有很多謎團呢。

雨天雖然會讓氣勢下降，不過法善寺橫丁的石板步道，總覺得好像滿不錯的呢。撐著傘漫步其中，這大飽口福的夜晚也漸漸深了……

第二章

天婦羅與大阪城與商店街

取材第二日 早上
喔，放晴了！
早～安。小澎睡得好嗎？
沒耶……吃太飽結果作惡夢了啦。夢到我被什錦燒壓爆了……
……不過幸好雨已經停了呢♪
可是中午過後好像又會下雨的樣子。
啊……
那就趁還沒下雨之前去吃個早餐吧。小澎有沒有什麼想吃的？
拜託不要澱粉類，請來點清爽的!!
這人昨天吃太多了。
好的—
請交給我吧。
金子小姐帶我們來到一家很有復古風、氣氛很棒的店。
這是……咖啡店嗎？
哼哼哼，不是唷。這裡是……
純喫茶是也!!

純喫茶

與一般咖啡店相比，純喫茶不提供酒類飲品，是純粹的咖啡店。很講究的店主在很講究裝潢的店內端出很講究的咖啡，讓人彷彿來到昭和時代。大阪給人的印象多是街上一間又一間誇張閃亮的店面，不過這類復古摩登感的時尚純喫茶咖啡館，在大阪為數也不少喔。

咖啡專家小惡魔

金子的純喫茶探訪 第一回

是的，各位早安，純喫茶之旅就從這次開始囉。這值得紀念的第一次，我們所要造訪的店家是「丸福」。店內瀰漫著昭和的氛圍。這，就是純喫茶。

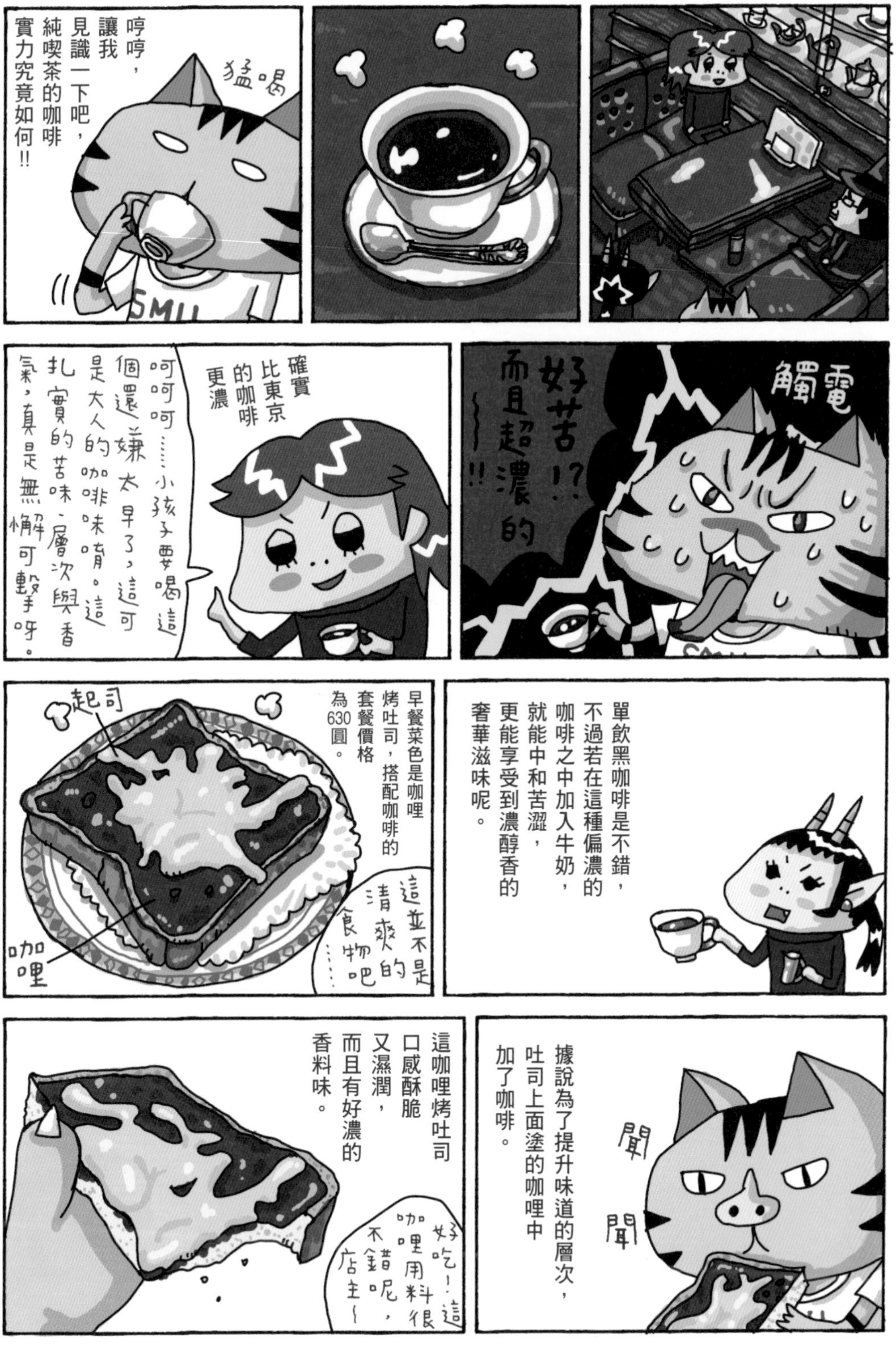

猛喝
哼哼，讓我見識一下吧，純喫茶的咖啡實力究竟如何!!
觸電
好苦!?而且超濃的~!!
確實比東京的更濃
呵呵呵……小孩子要喝這個還嫌太早了，這可是大人的咖啡味唷。這扎實的苦味、層次與香氣，真是無懈可擊呀。
單飲黑咖啡是不錯，不過若在這種偏濃的咖啡之中加入牛奶，就能中和苦澀，更能享受到濃醇香的奢華滋味呢。
早餐菜色是咖哩烤吐司，搭配咖啡的套餐價格為630圓。
起司
咖哩
這並不是清爽的食物吧……
據說為了提升味道的層次，吐司上面塗的咖哩中加了咖啡。
聞
聞
這咖哩烤吐司口感酥脆又濕潤，而且有好濃的香料味。
好吃！這咖哩用料很不錯呢，店主～

譯註：食品模型和雜炒苦瓜日文音近。

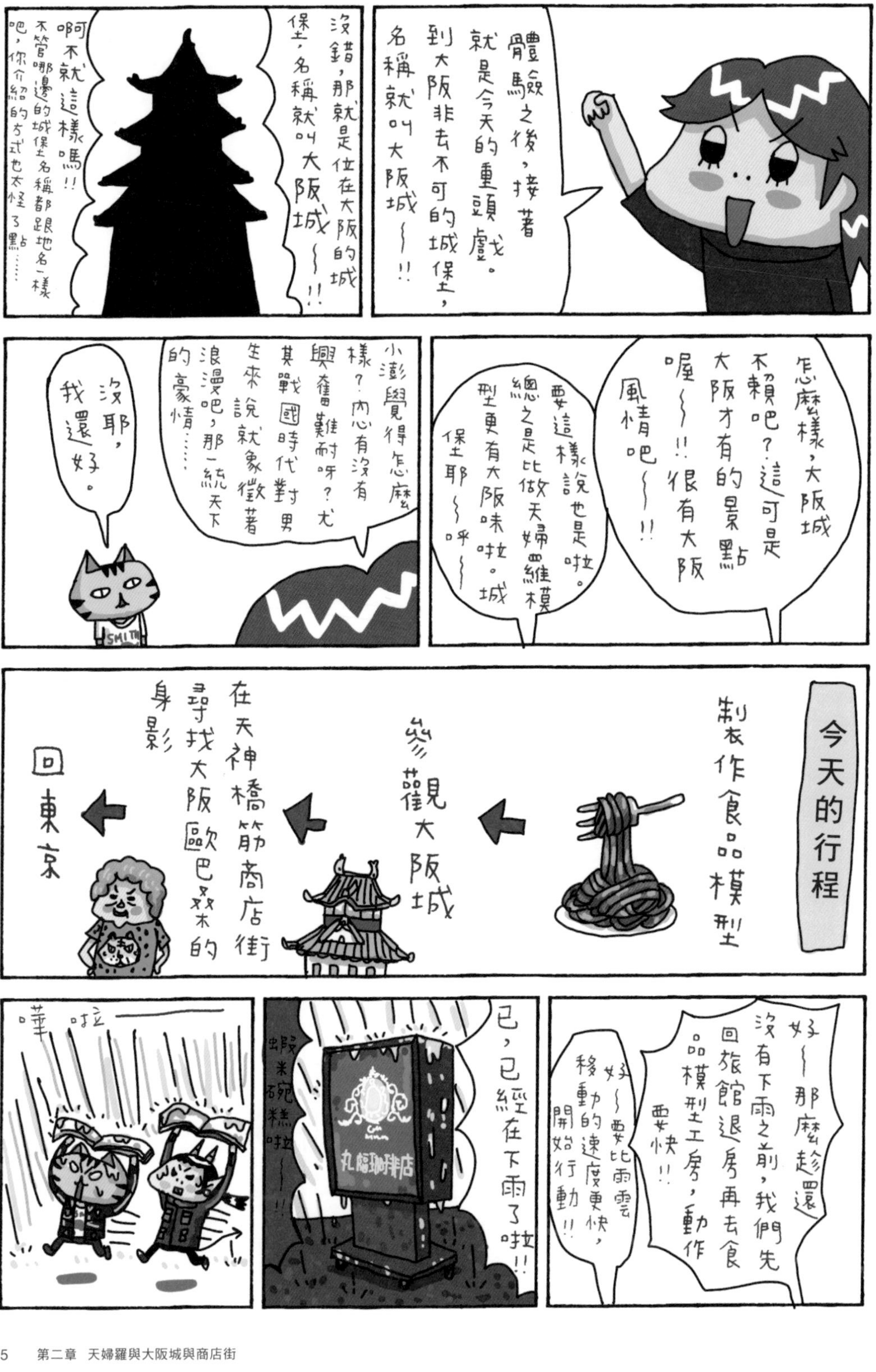
體驗之後，接著就是今天的重頭戲。到大阪非去不可的城堡，名稱就叫大阪城～!!
沒錯，那就是位在大阪的城堡，名稱就叫大阪城～!!
啊不就這樣嗎!!
不管哪邊的城堡名稱都跟地名一樣吧，你介紹的方式也太怪了點……
怎麼樣，大阪城不賴吧？這可是大阪才有的景點喔～!! 很有大阪風情吧～!!
要這樣說也是啦。總之是比做天婦羅模型更有大阪味啦。城堡耶～呼～
小澎覺得怎麼樣？內心有沒有興奮難耐呀？尤其戰國時代對男生來說就象徵著浪漫吧，那一統天下的豪情……
沒耶，我還好。
今天的行程
製作食品模型
參觀大阪城
在天神橋筋商店街尋找大阪歐巴桑的身影
回東京
好～那麼趁還沒有下雨之前，我們先回旅館退房再去食品模型工房，動作要快!!
好～要比雨雲移動的速度更快，開始行動!!
已，已經在下雨了啦!!
蝦米碗糕啦～!!
丸福珈琲店
嘩啦——

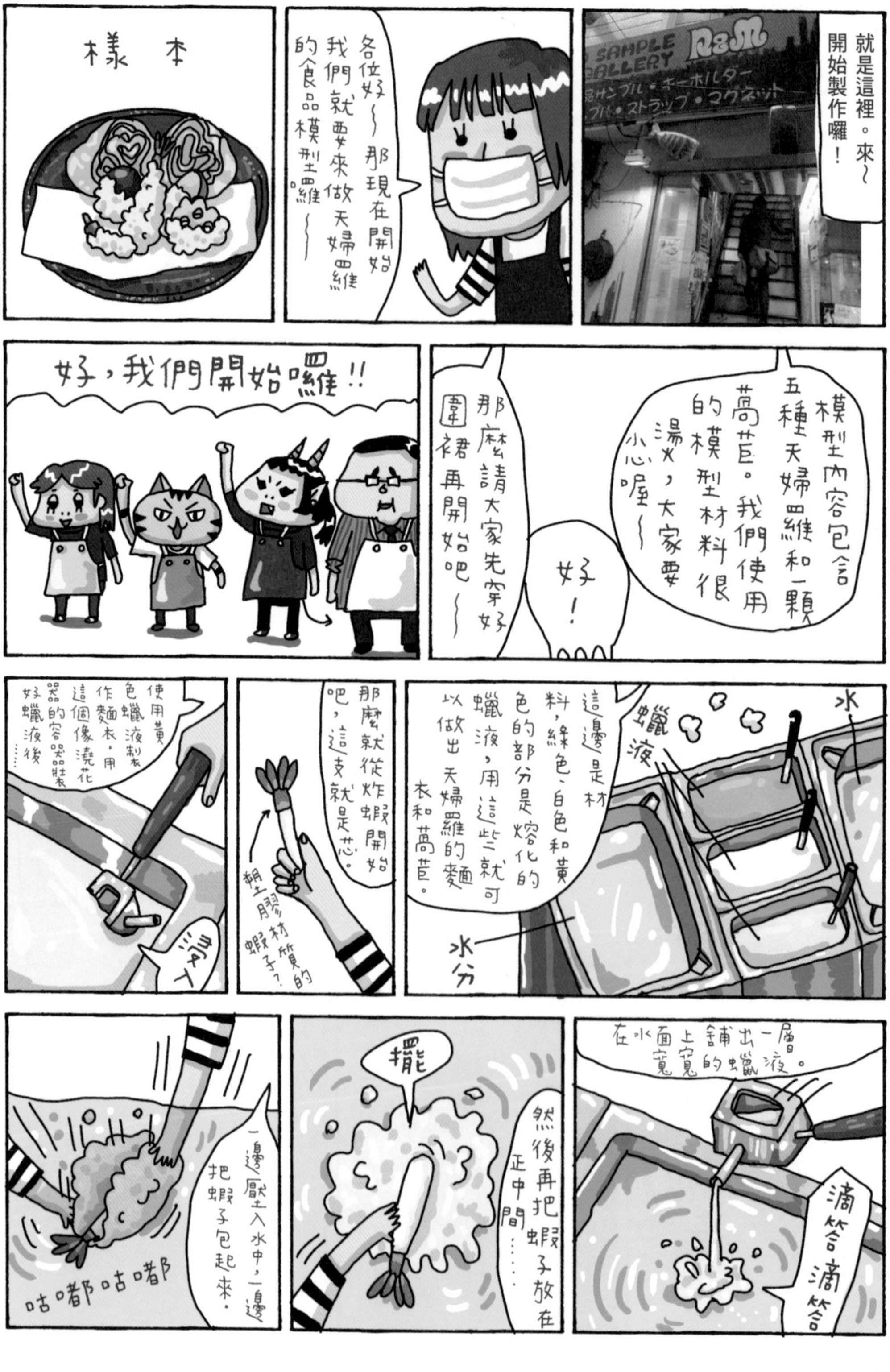
就是這裡。來~開始製作囉!
SAMPLE GALLERY
各位好~那現在開始我們就要來做天婦羅的食品模型囉~
樣本
模型內容包含五種天婦羅和一顆萵苣。我們使用的模型材料很燙,大家要小心喔~
好!
那麼請大家先穿好圍裙再開始吧~
好,我們開始囉!!
蠟液
水
這邊是材料,綠色、白色和黃色的部分是熔化的蠟液,用這些就可以做出天婦羅的麵衣和萵苣。
水分
那麼就從炸蝦開始吧,這支就是芯。
塑膠材質的蝦子??
使用黃色蠟液製作麵衣。用這個像澆花器的容器裝好蠟液後……
滴
在水面上鋪出一層寬寬的蠟液。
滴答滴答
然後再把蝦子放在正中間……
擺
一邊壓入水中,一邊把蝦子包起來。
咕嘟咕嘟

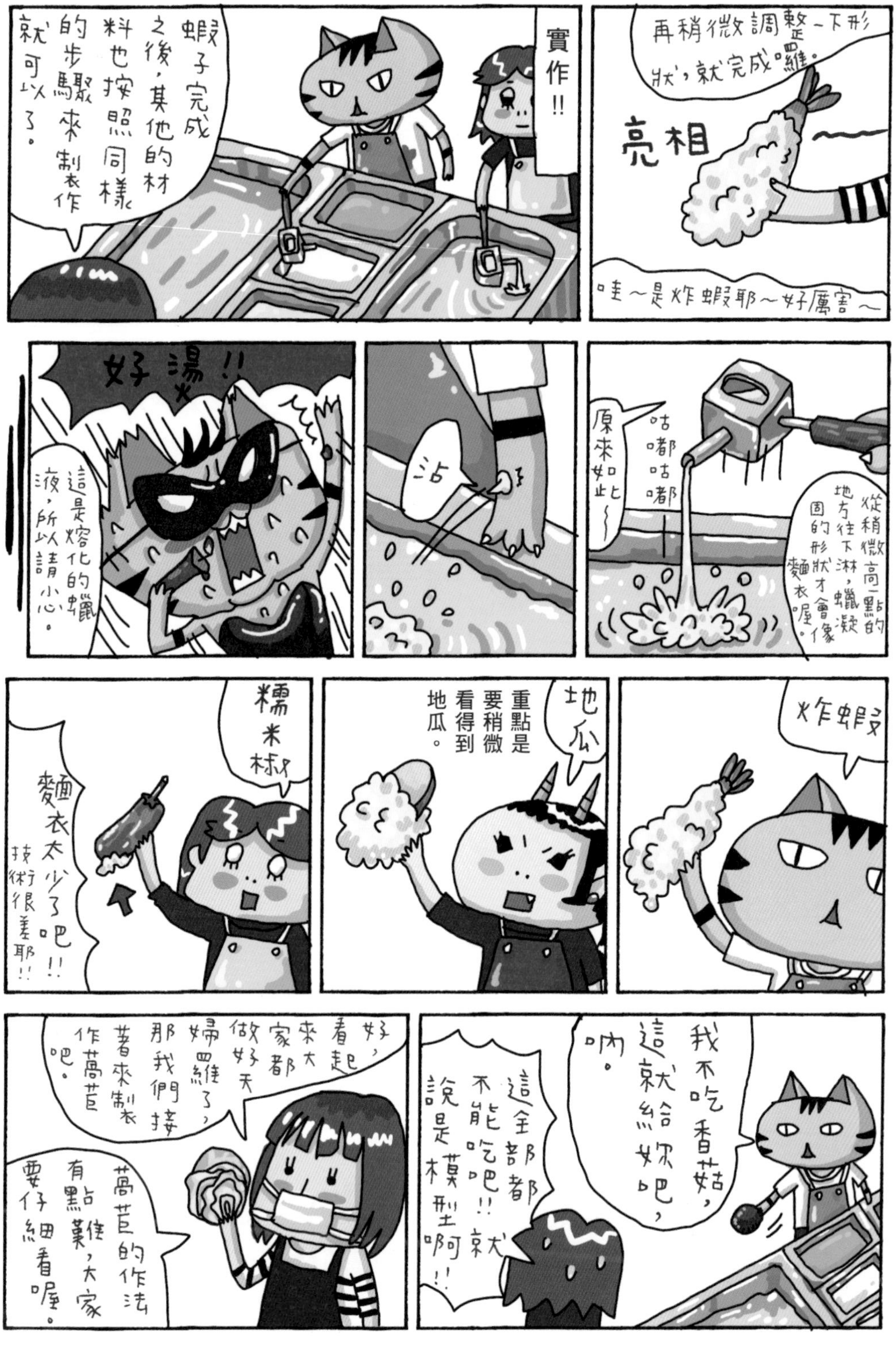
蝦子完成之後，其他的材料也按照同樣的步驟來製作就可以了。
實作!!
再稍微調整一下形狀，就完成囉。
亮相
哇～是炸蝦耶～好厲害～
好燙!!
這是熔化的蠟液，所以請小心。
沾
原來如此～
咕嘟咕嘟
從稍微高一點的地方往下淋，蠟凝固的形狀才會像麵衣喔。
糯米椒
麵衣太少了吧!!
技術很差耶!!
地瓜
重點是要稍微看得到地瓜。
炸蝦
好，看起來大家都做好天婦羅了，那我們接著來製作萵苣吧。
萵苣的作法有點難，大家要仔細看喔。
我不吃香菇，這就給妳吧，吶。
這全部都不能吃吧!!就說是模型啊!!

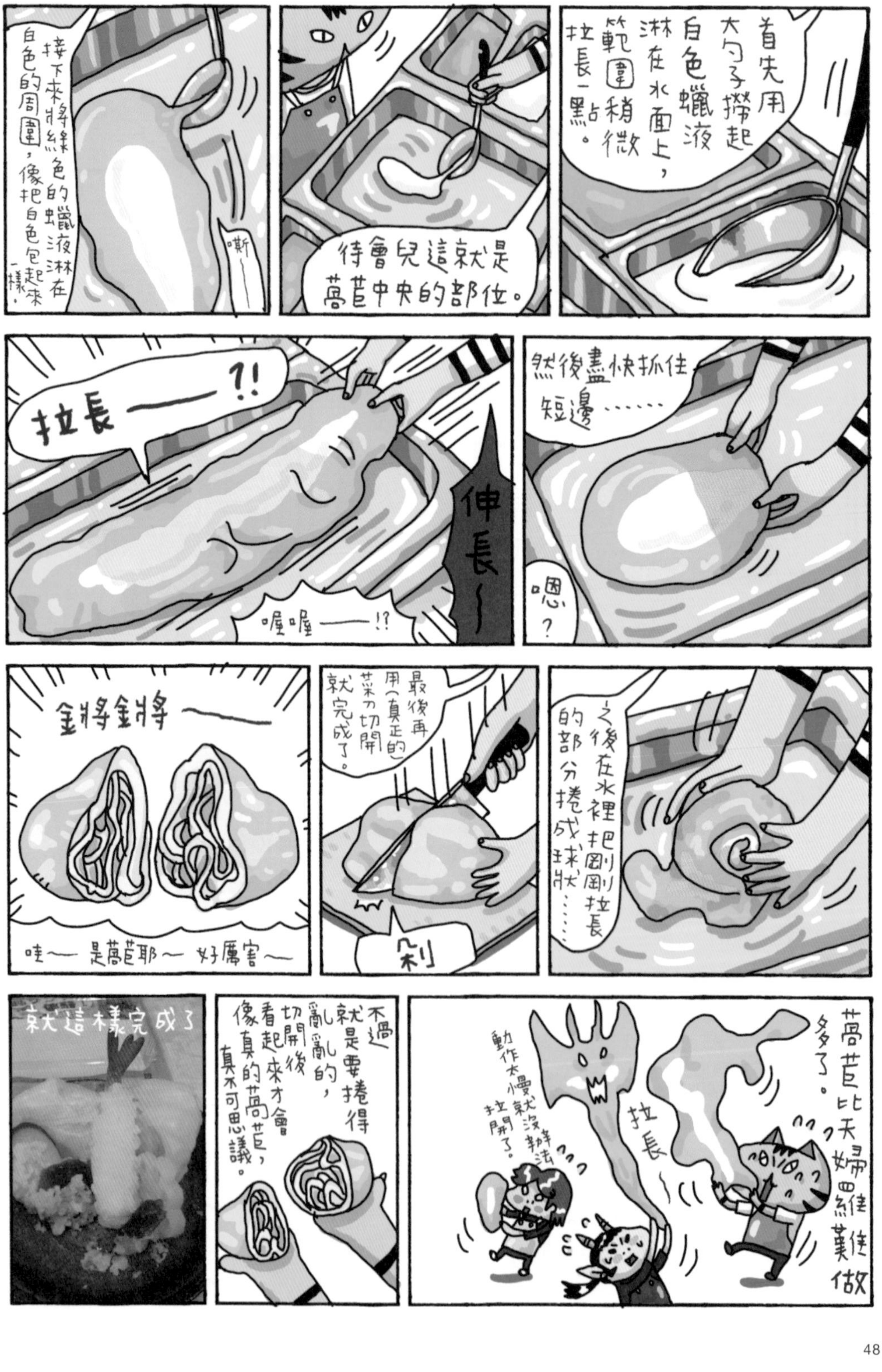
首先用大勺子撈起白色蠟液淋在水面上，範圍稍微拉長一點。
待會兒這就是萵苣中央的部位。
接下來將綠色的蠟液淋在白色的周圍，像把白色包起來一樣。
嘶～
然後盡快抓住短邊……
嗯？
拉長——?!
伸長～
喔喔——!?
之後在水裡把剛剛拉長的部分捲成球狀……
最後再用(真正的)菜刀切開就完成了。
剁
鏘鏘～～
哇～ 是萵苣耶～ 好厲害～
萵苣比天婦羅難做多了。
拉長～
動作太慢就沒辦法拉開了。
不過就是要捲得亂亂的，切開後看起來才會像真的萵苣，真不可思議。
就這樣完成了

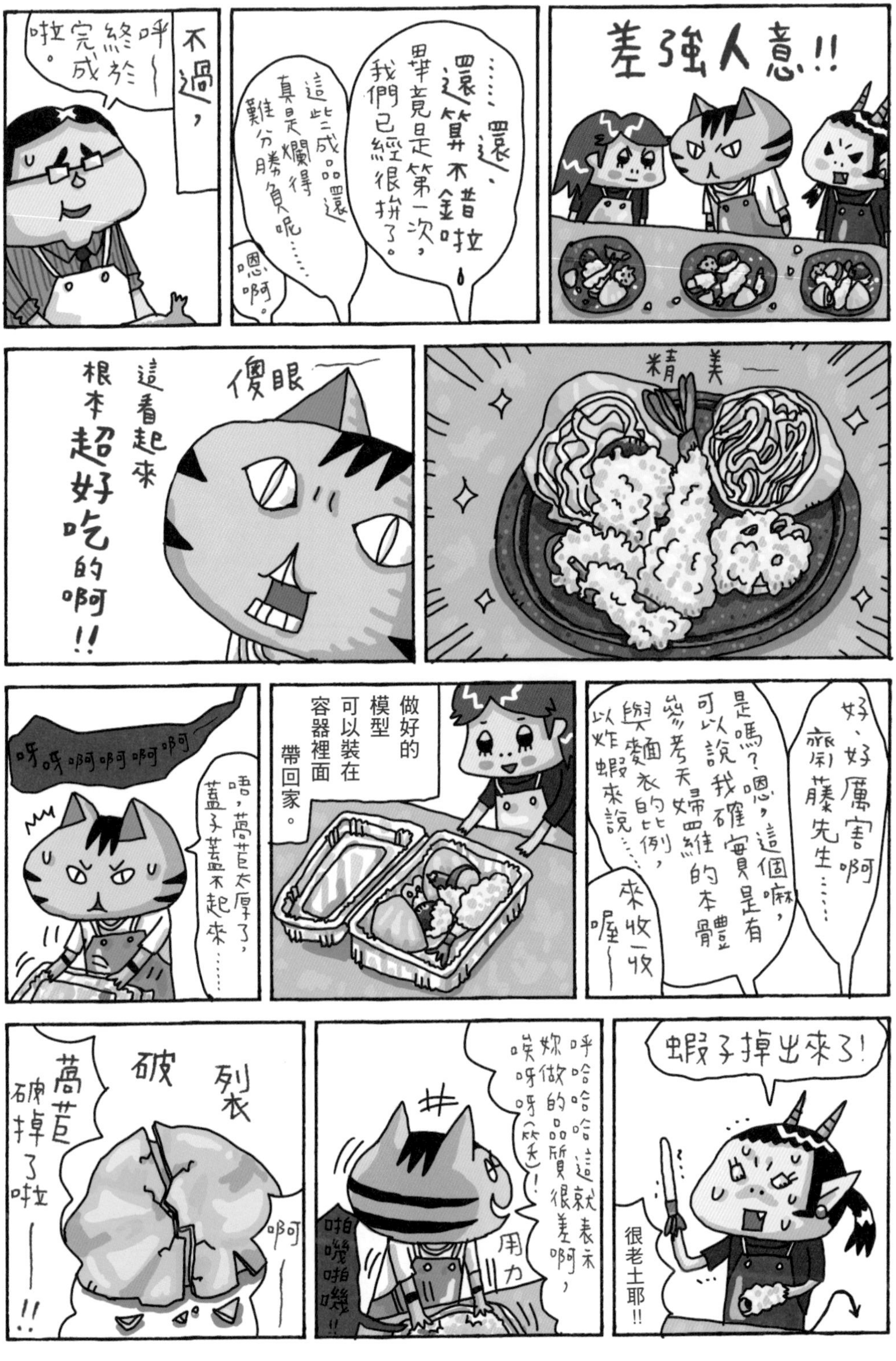
呼~終於完成啦。
不過，
還、還……還算不錯啦，畢竟是第一次，我們已經很拚了。
這些成品還真是爛得難分勝負呢……
嗯啊。
差強人意!!
傻眼~
這看起來根本超好吃的啊!!
精美~
呀呀啊啊啊啊啊
唔，萵苣太厚了，蓋子蓋不起來……
做好的模型可以裝在容器裡面帶回家。
好、好厲害啊 齋藤先生……
是嗎？嗯，這個嘛，可以說我確實是有參考天婦羅的本體與麵衣的比例，以炸蝦來說……
來收一收喔~
破 裂
萵苣破掉了啦——!!
啊
呼哈哈哈 這就表示妳做的品質很差啊，唉呀呀(笑)!
用力
啪嘰啪嘰!!
蝦子掉出來了!
很老土耶!!

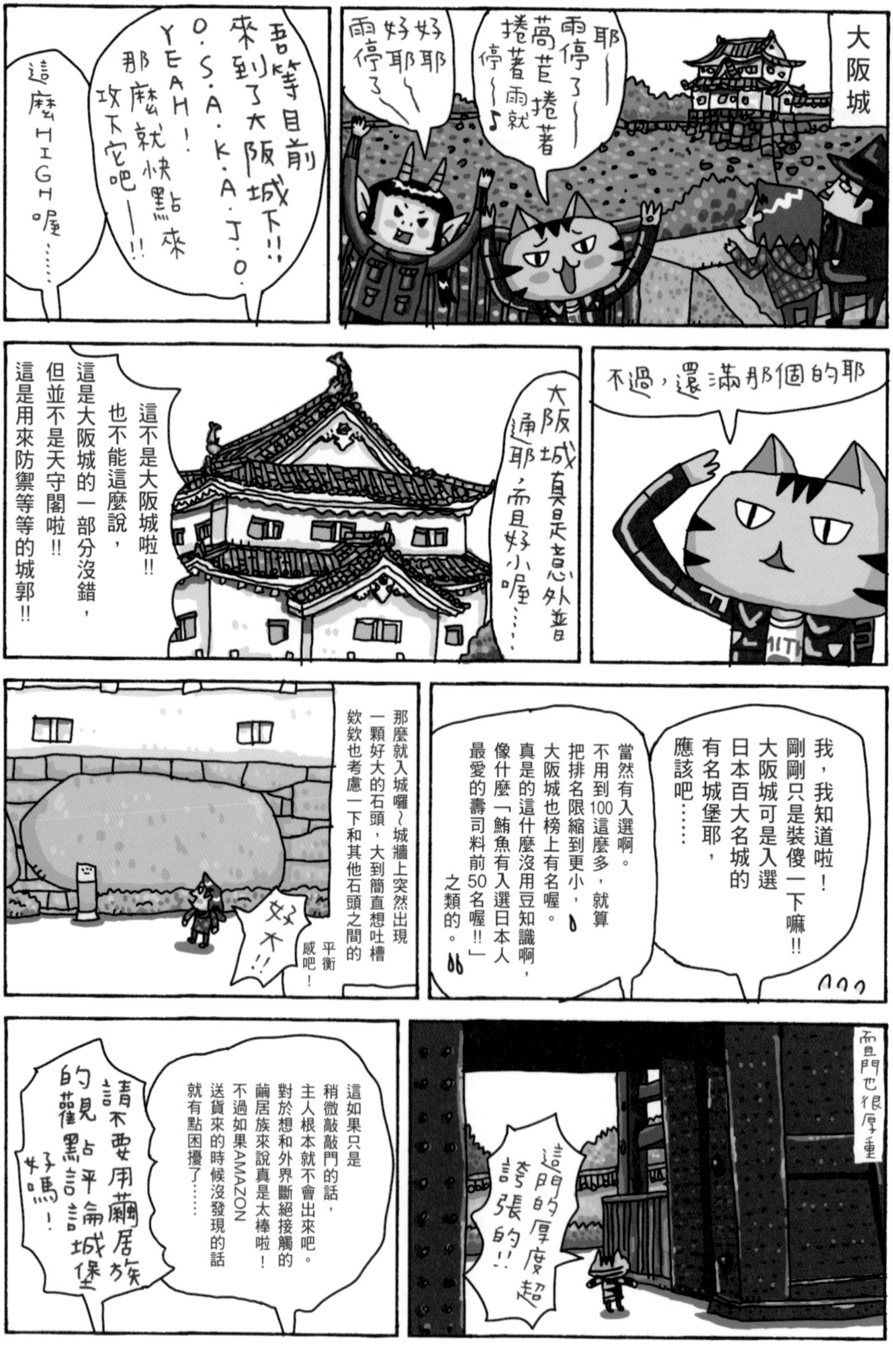
大阪城
耶——雨停了——萵苣捲著捲著雨就停～～♪
好耶～好耶～雨停了
吾等目前來到了大阪城下!! O.S.A.K.A.J.O. YEAH! 那麼就快點來攻下它吧——!!
這麼HIGH喔……
不過，還滿那個的耶
大阪城真是意外普通耶，而且好小喔……
這不是大阪城啦!!
也不能這麼說，這是大阪城的一部分沒錯，但並不是天守閣啦!!
這是用來防禦等等的城郭!!
我，我知道啦！剛剛只是裝傻一下嘛!! 大阪城可是入選日本百大名城的有名城堡耶，應該吧……
當然有入選啊。不用到100這麼多，把排名限縮到更小，大阪城也榜上有名喔。
真是的這什麼沒用豆知識啊，就算像什麼「鮪魚有入選日本人最愛的壽司料前50名喔!!」之類的。
那麼就入城囉～城牆上突然出現一顆好大的石頭，大到簡直想吐槽欸欸也考慮一下和其他石頭之間的平衡感吧！
好大!!
這門也很厚重
這門的厚度超誇張的!!
這如果只是稍微敲敲門的話，主人根本就不會出來吧。對於想和外界斷絕接觸的繭居族來說真是太棒啦！不過如果AMAZON送貨來的時候沒發現的話就有點困擾了……
請不要用繭居族的觀點評論城堡好嗎！

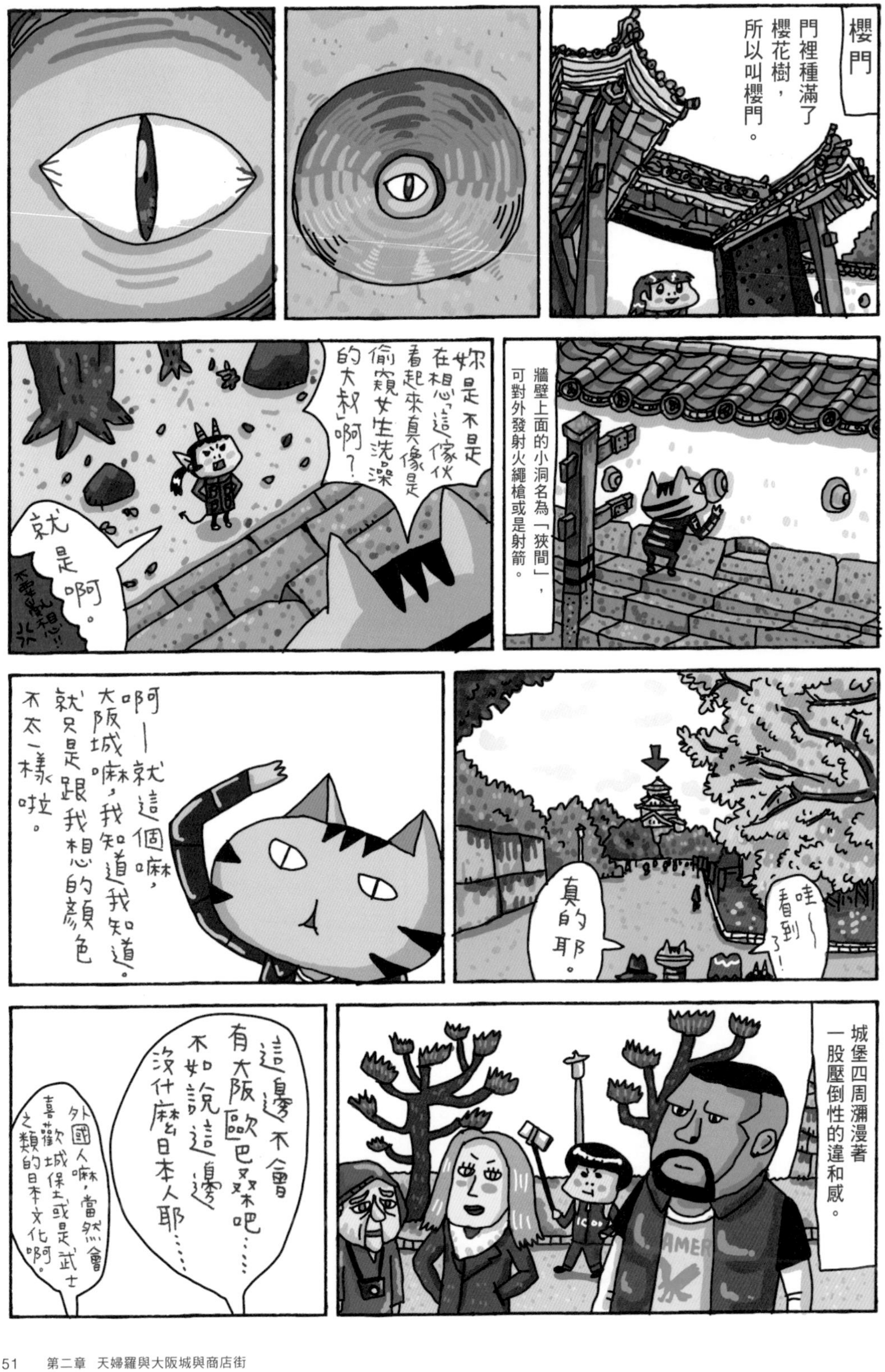
櫻門
門裡種滿了櫻花樹，所以叫櫻門。
牆壁上面的小洞名為「狹間」，可對外發射火繩槍或是射箭。
妳是不是在想「這傢伙看起來真像是偷窺女生洗澡的大叔」啊？
就是啊。
不要亂想!!
哇～看到了！
真的耶。
啊－就這個嘛，大阪城嘛，我知道我知道。就只是跟我想的顏色不太一樣啦。
城堡四周瀰漫著一股壓倒性的違和感。
這邊不會有大阪歐巴桑吧……不如說這邊沒什麼日本人耶……
外國人嘛，當然會喜歡城堡或是武士之類的日本文化啊。

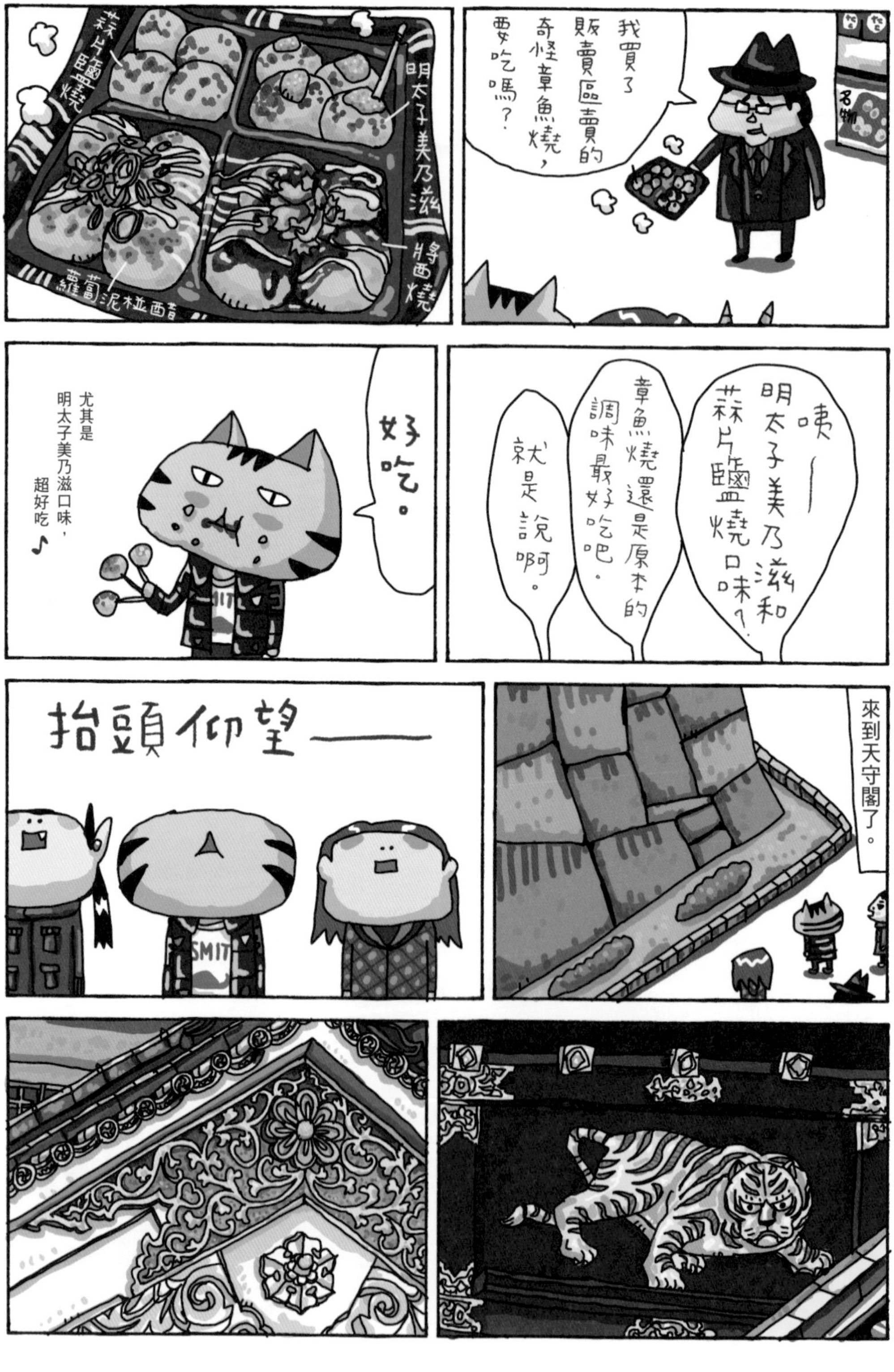
蒜片鹽燒
明太子美乃滋
將西燒
蘿蔔泥柚酉昔
我買了販賣區賣的奇怪章魚燒，要吃嗎？
名物
好吃。
尤其是明太子美乃滋口味，超好吃♪
咦——明太子美乃滋和蒜片鹽燒口味？
章魚燒還是原本的調味最好吃吧。
就是說啊。
抬頭仰望——
SMIT
來到天守閣了。

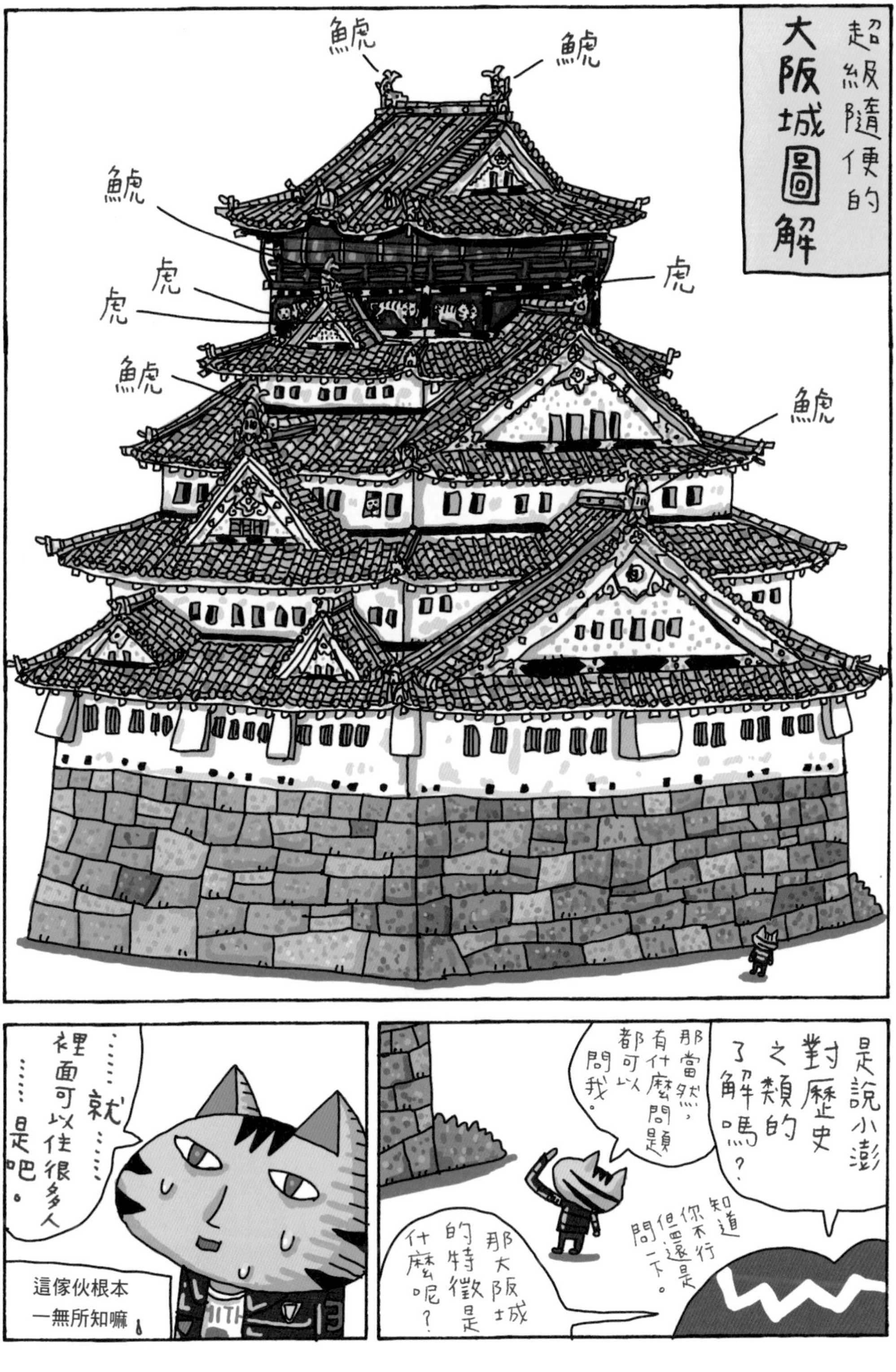

譯註：鯱是一種外形魚頭虎尾，背上長刺的幻想生物，多裝飾於屋頂上用以避雷與防火，也是城主權力的象徵。

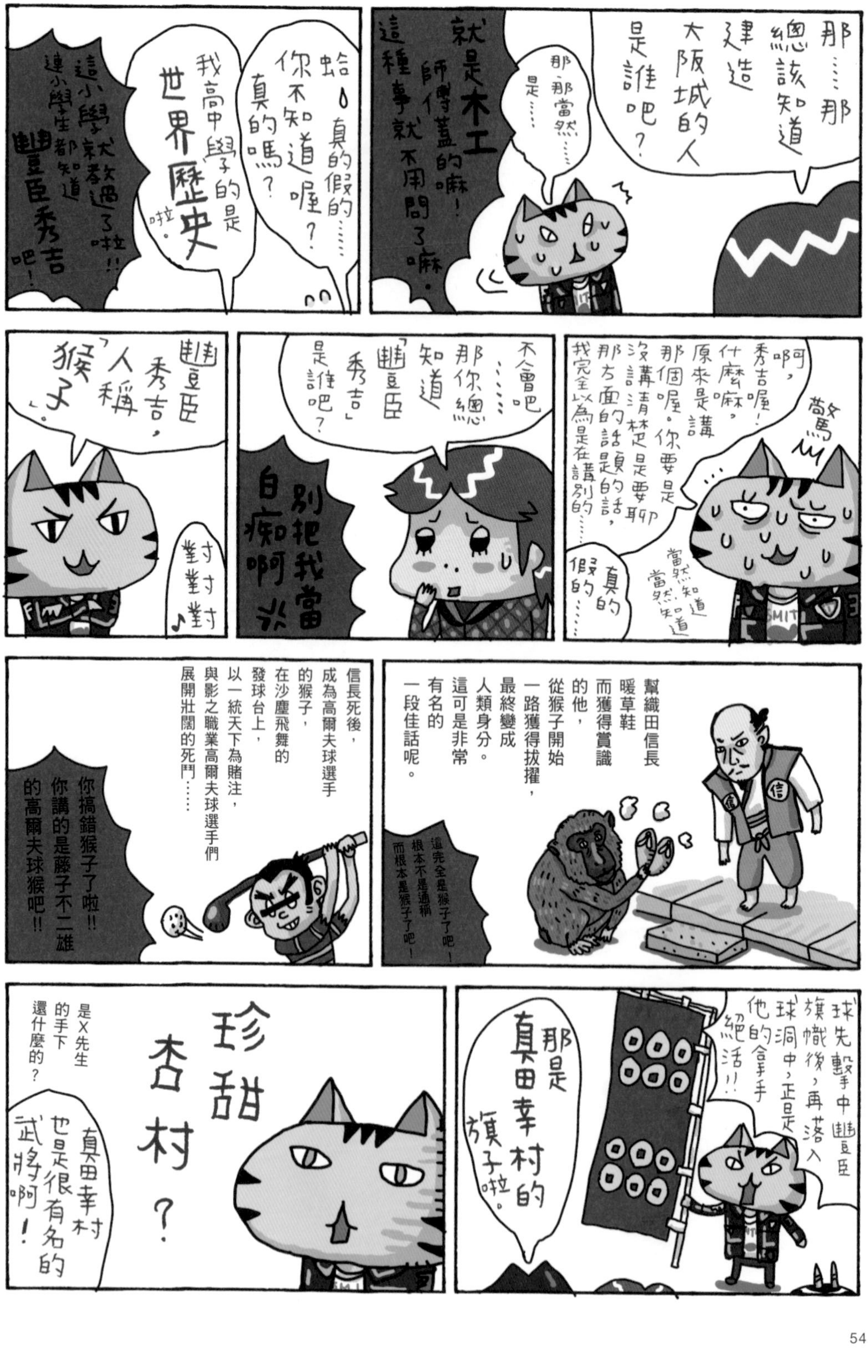
那……那總該知道建造大阪城的人是誰吧？
那那當然是……
就是木工師傅蓋的嘛！這種事就不用問了嘛。
蛤？真的假的……你不知道喔？真的嗎？
我高中學的是世界歷史啦。
這小學就教過了啦!! 連小學生都知道豐臣秀吉吧！
啊，秀吉喔！什麼嘛，原來是講那個喔。你要是沒講清楚是要聊那方面的話題的話，我完全以為是在講別的……
驚
當然知道 當然知道
真的假的……
不會吧……那你總知道「豐臣秀吉」是誰吧？
別把我當白痴啊!!
豐臣秀吉，人稱「猴子」。
對對對♪
幫織田信長暖草鞋而獲得賞識的他，從猴子開始一路獲得拔擢，最終變成人類身分。這可是非常有名的一段佳話呢。
信
這完全是猴子了吧！根本不是通稱而根本是猴子了吧！
信長死後，成為高爾夫球選手的猴子，在沙塵飛舞的發球台上，以一統天下為賭注，與影之職業高爾夫球選手們展開壯闊的死鬥……
你搞錯猴子了啦!! 你講的是藤子不二雄的高爾夫球猴吧!!
球先擊中豐臣旗幟後，再落入球洞中，正是他的拿手絕活!!
那是真田幸村的旗子啦。
珍甜杏村？
是X先生的手下還什麼的？
真田幸村也是很有名的武將啊！

飄揚
那是為什麼要在秀吉的城裡插上真田什麼的旗子啊？
因為2016年的大河劇是真田丸，主場景大阪城這邊就立起真田家的旗幟，預做宣傳唷。
你是說2016年聖・塔丸會加入阪神虎，所以阪神隊一定會拿下優勝對嗎？
對歷史超級不熟所以整個聽錯
現任大聯盟選手
聖・塔丸
突然跳槽！
デイリー

譯註：此格左下為Daily Sports體育報logo。

真田幸村
戰國時代的人氣武將。
他在大阪之役中
屬豐臣陣營，
勇敢果決地與德川家康對抗，
是相當活躍的英雄人物，
大家都很喜歡他。
代表色是紅色，
是個大帥哥。
請收看真田丸來得知
更多細節。
這種造型好像出現
在電玩裡面，我看過。
帥哥
真田丸一定會大受好評，如果這本書也能在明年出版的話就可以趁勢大賣吧！雖然我是相當期待啦♪
可是根本不可能吧。完全不可能在真田丸播放的期間就出版吧
咦？現在明明是2015年，怎麼我聽到了來自2017年的聲音呢？真奇怪……

攻入城內！
從下面往上看超有魄力！
信號砲
有大砲耶!!
這是秀吉的嗎？
秀吉加農砲？
不是秀吉的大砲啦。這是明治年間建造，在早中晚會各發射一次，用以報時的信號砲。
号砲
我們先去八樓的展望台，搭電梯上去再逛下來吧。
電梯嗎?!
戰國時代的城堡裡面會有電梯嗎??
那小澎請走樓梯吧……
沒有啦，在下並非習武之人，還是搭電梯吧。
展望台
我們在這邊。
極近距離看屋頂上的金鯱，閃閃發光令人目眩。
亮晶晶～
哇，是金鯱耶。
唔～真是莊嚴高雅啊。做工也很精細，每個部位都處理得很好，太美了。
金光
閃閃
該怎麼說呢……這讓我……
感受到小宇宙了啊。
不過就是因為本體製作非常精美，
旁邊固定用的螺母卻完全露出來了，真是美中不足。
真抱歉我個性就是容易拘泥於細節，但秀吉興建這座城堡時還沒有螺母吧？也不是說要重現當時的固定方法啦，但我想若是善用現代的技術，應該可以由內部巧妙固定住，讓外觀看不到痕跡才對啊……心情上感覺像是看到超人力霸王背上的拉鍊了……

譯註：超人力霸王就是鹹蛋超人。

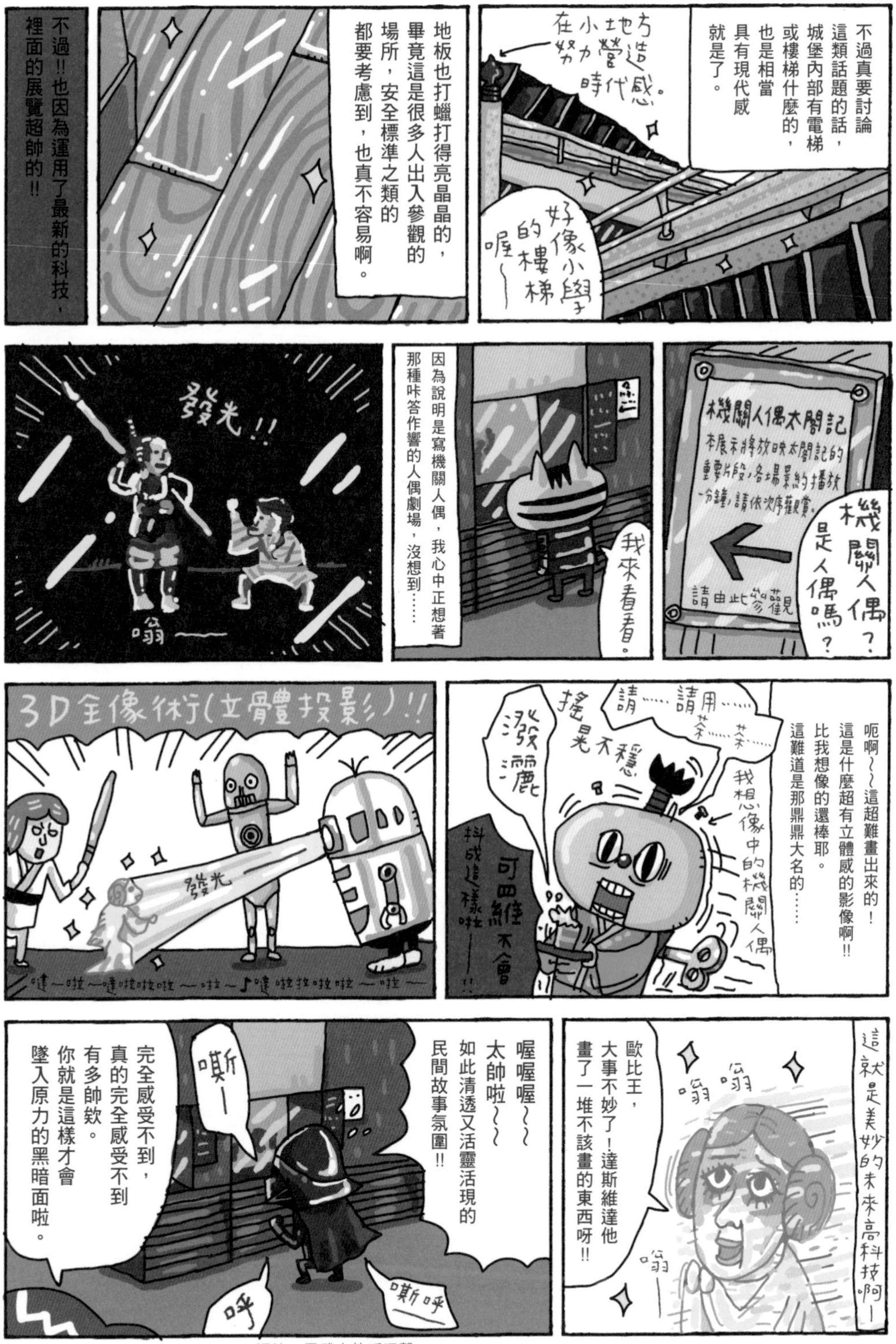

不過真要討論這類話題的話，城堡內部有電梯或樓梯什麼的，也是相當具有現代感就是了。
在小地方努力營造時代感。
好像小學的樓梯喔～
地板也打蠟打得亮晶晶的，畢竟這是很多人出入參觀的場所，安全標準之類的都要考慮到，也真不容易啊。
不過!!也因為運用了最新的科技，裡面的展覽超帥的!!
機關人偶太閤記
本展示將放映太閤記的重要片段，各場景約播放一分鐘，請依次序觀賞。
請由此參觀
機關人偶？是人偶嗎？
我來看看。
因為說明是寫機關人偶，我心中正想著那種咔答作響的人偶劇場，沒想到……
發光!!
嗡～
呃啊～～這超難畫出來的！這是什麼超有立體感的影像啊!!比我想像的還棒耶。這難道是那鼎鼎大名的……
請……請用……茶……茶……
搖晃不穩
瀟灑
我想像中的機關人偶
可惡維不會抖成這樣啦～!!
3D全像術(立體投影)!!
發光
這就是美妙的未來高科技啊～
嗡嗡
嗡～
歐比王，大事不妙了！達斯維達他畫了一堆不該畫的東西呀!!
喔喔喔～～太帥啦～～如此清透又活靈活現的民間故事氛圍!!
嘶～
完全感受不到，真的完全感受不到有多帥欸。你就是這樣才會墜入原力的黑暗面啦。
嘶呼
呼

譯註：黑武士的呼吸聲。

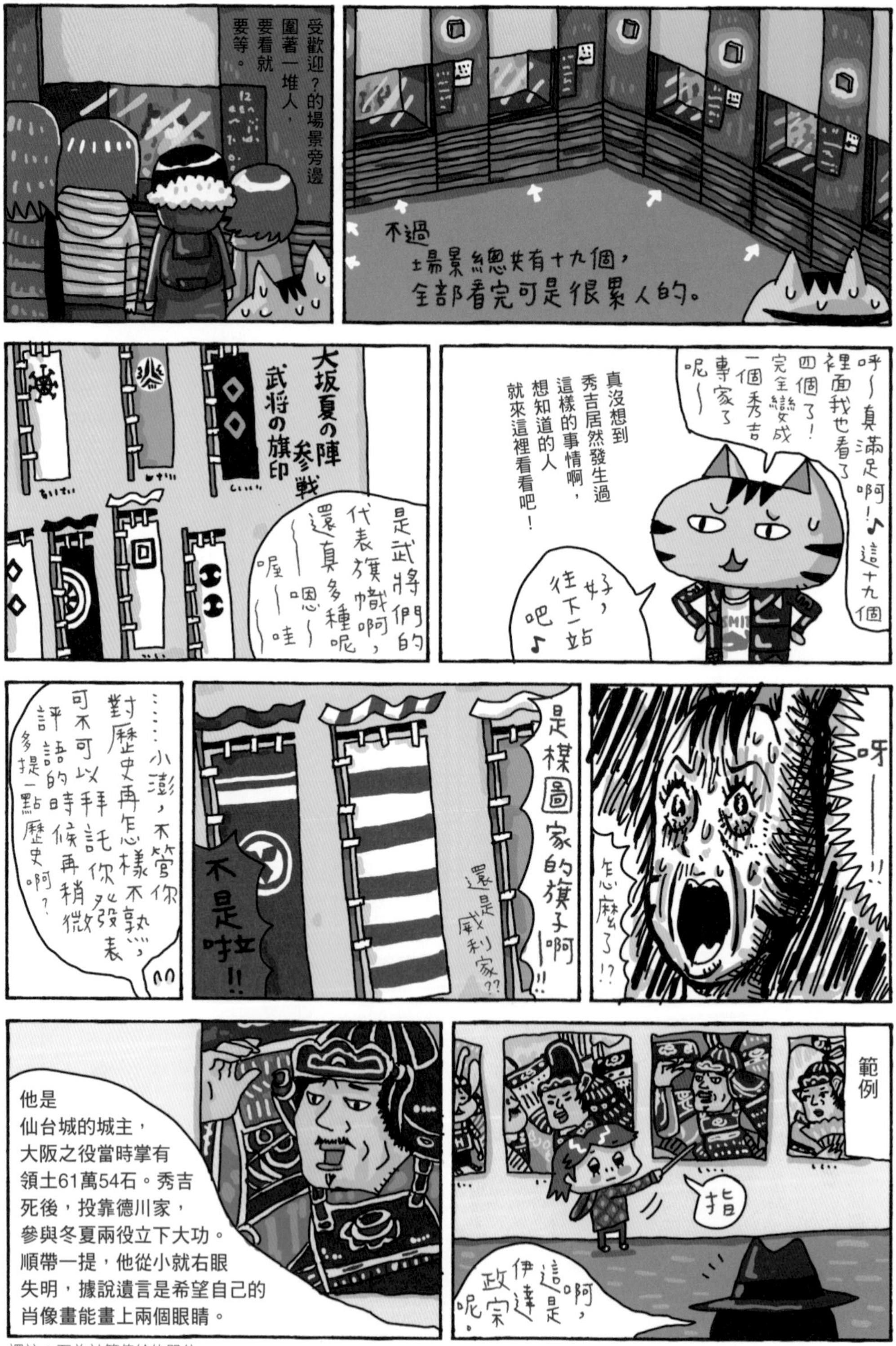
不過
場景總共有十九個，
全部看完可是很累人的。
受歡迎？的場景旁邊圍著一堆人，要看就要等。
呼～真滿足啊！♪這十九個裡面我也看了四個了！完全變成一個秀吉專家了呢～
真沒想到秀吉居然發生過這樣的事情啊，想知道的人就來這裡看看吧！
好，往下一站吧♪
大坂夏の陣 参戦
武将の旗印
是武將們的代表旗幟啊，還真多種呢～
嗯～
喔～
哇～
呀——!!
怎麼了!?
是棋圖家的旗子啊!!
還是戚利家??
不是啦!!
……小澎，不管你對歷史再怎樣不熟，可不可以拜託你發表評語的時候再稍微多提一點歷史啊？
範例
指
這是伊達政宗呢。
他是
仙台城的城主，
大阪之役當時掌有
領土61萬54石。秀吉
死後，投靠德川家，
參與冬夏兩役立下大功。
順帶一提，他從小就右眼
失明，據說遺言是希望自己的
肖像畫能畫上兩個眼睛。

譯註：石為計算俸給的單位。

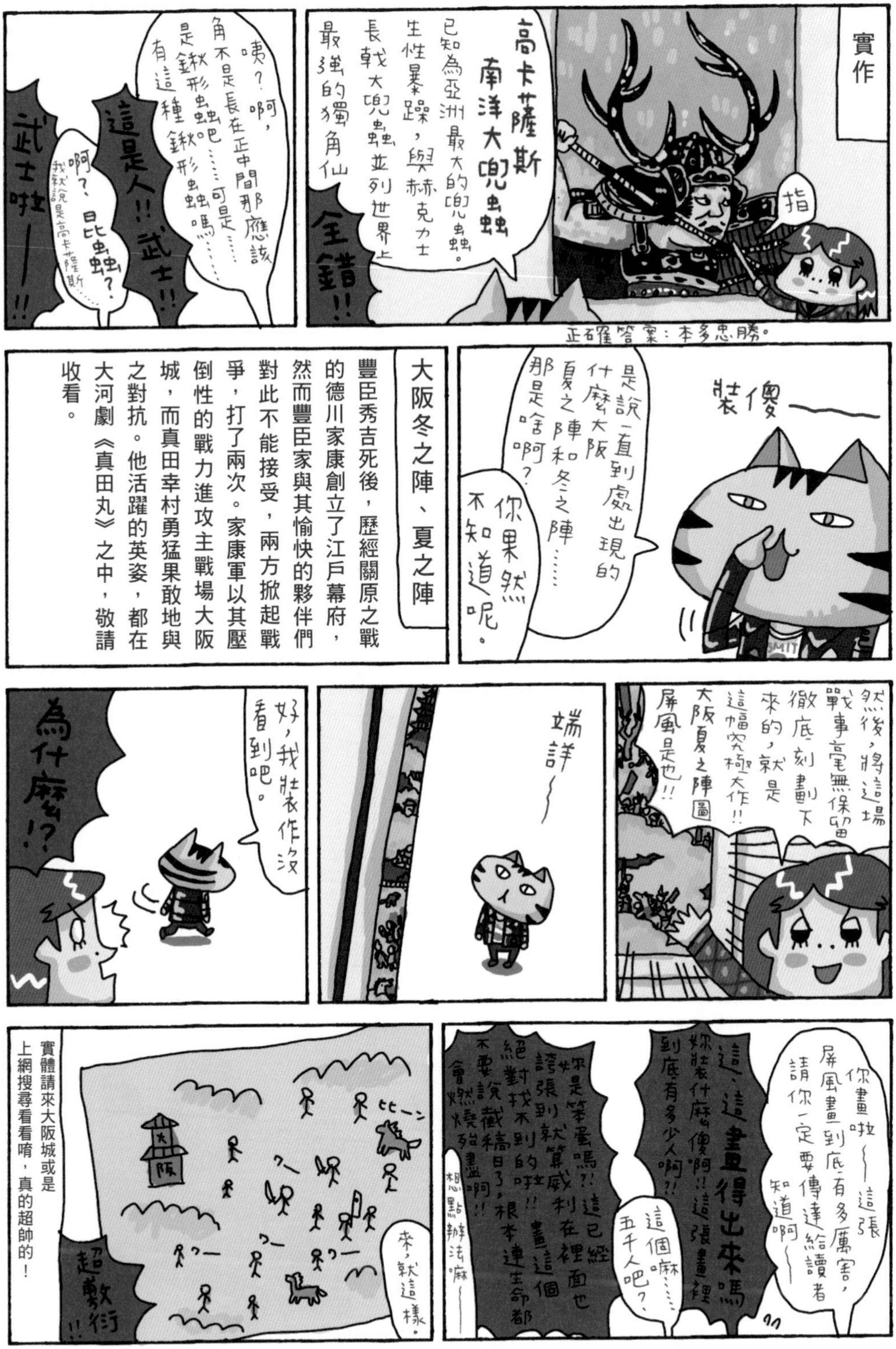
實作
指
高卡薩斯南洋大兜蟲
已知為亞洲最大的兜蟲。生性暴躁，與赫克力士長戟大兜蟲並列世界上最強的獨角仙
全錯!!
咦？啊，角不是長在正中間那應該是鍬形蟲吧……可是有這種鍬形蟲嗎……
這是人!! 武士!!
啊？昆蟲？
我就說是高卡薩斯……
武士啦——!!
正確答案：本多忠勝。
裝傻——
是說一直到處出現的什麼大阪夏之陣和冬之陣那是啥啊？……
你果然不知道呢。
大阪冬之陣、夏之陣
豐臣秀吉死後，歷經關原之戰的德川家康創立了江戶幕府，然而豐臣家與其愉快的夥伴們對此不能接受，兩方掀起戰爭，打了兩次。家康軍以其壓倒性的戰力進攻主戰場大阪城，而真田幸村勇猛果敢地與之對抗。他活躍的英姿，都在大河劇《真田丸》之中，敬請收看。
然後，將這場戰事毫無保留徹底刻劃下來的，就是這幅究極大作!! 大阪夏之陣圖屏風是也!!
端詳～
好，我裝作沒看到吧。
為什麼!?
你畫啦～這張屏風畫到底有多厲害，請你一定要傳達給讀者知道啊～
這、這畫得出來嗎
妳裝什麼傻啊!! 這張畫裡到底有多少人啊!!
這個嘛……五千人吧？
妳是笨蛋嗎?! 這已經誇張到就算威利在裡面也絕對找不到的啦!! 畫這個不要說截稿日了，根本連生命都會燃燒殆盡啊!!
想點辦法嘛～
來，就這樣。
大阪
ヒヒーン
ワー
超敷衍!!
實體請來大阪城或是上網搜尋看看唷，真的超帥的！

譯註：武士日文發音近似昆蟲。

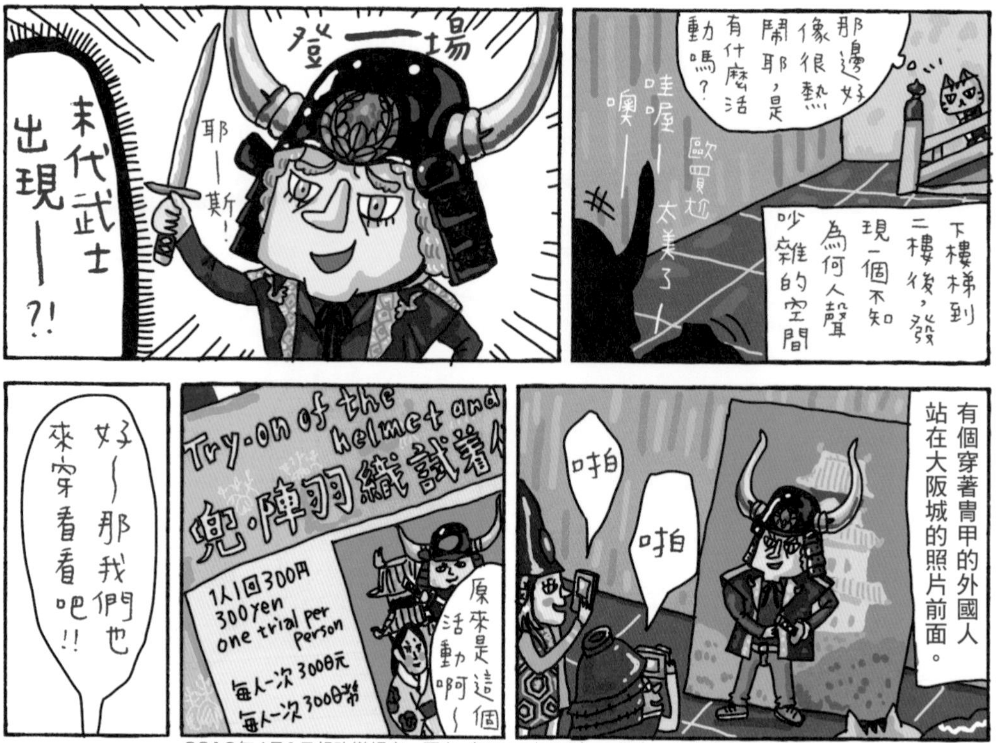

2016年4月1日起改變規定，現在（2017年2月）一個人一次收費是500日幣。

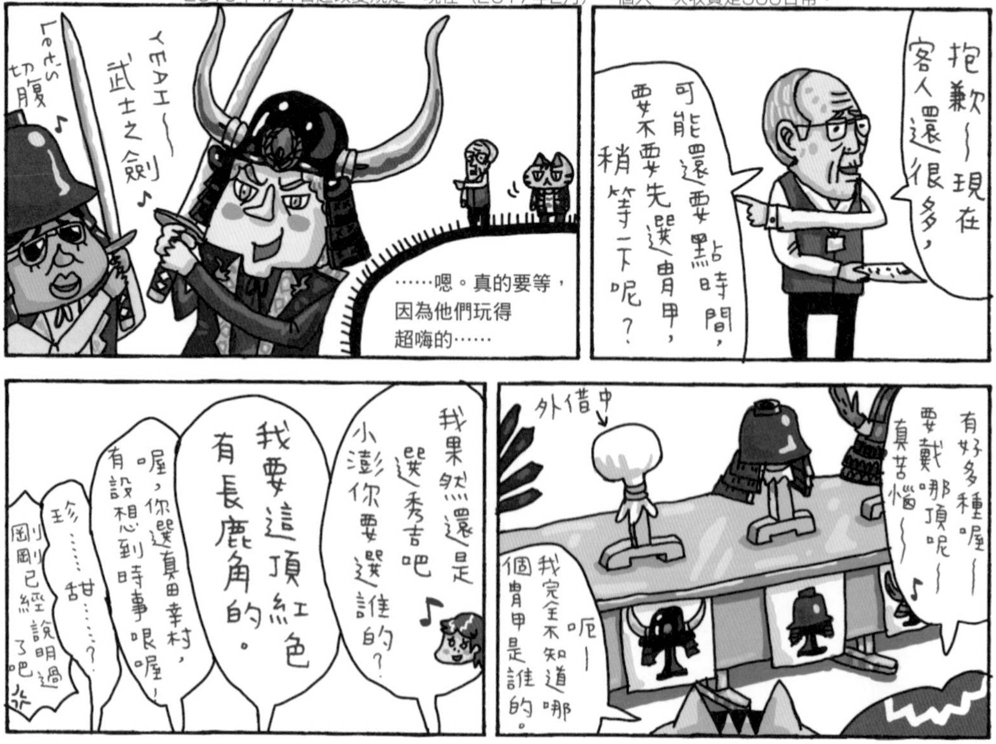

負責看
負責拍照
讓您久等了，現在可以來試穿囉。這邊請～
來，秀吉的。
噹
噹
這什麼東西！這麼多刺啊?!
這玩意兒絕對殺過好幾個手下吧……要是靠近他，就會被刺得亂七八糟欸。
殿下!! 有要事稟報……
呃啊—
震動
怎啦?
搖搖
晃晃
戴上胄甲
不穩 不穩 不穩 不穩
好重!!
左搖右晃
請穿上陣羽織。
佩上刀之後……
完成
豐臣秀吉!!
噹—噹
危險!! 別過來!!
左搖右晃 左搖右晃
鏗鏗
鏘鏘
呃……小澎也穿好真田幸村的服裝了嗎？
是的～我穿好了～♪

伸長—
閃亮—
將將將將～
將將將將
將—
也不知道要唱什麼，就來個暴坊將軍的主題曲當作登場曲
緊—張
糟了?!好像有個似曾相識的傢伙現身了
真田幸村喵～
噹噹—
擺好POSE拍個紀念照。
啪
太像了太像了!!
離遠一點遠一點!!
請你抓好彥根貓跟你之間的距離啊！
別惡作劇點燃戰爭的火苗啊!!
怎麼樣？
就說秀吉跟你是同一國的啦……
刺—
#
領死吧秀吉～!!
戴胄甲很有趣，武士刀也可以很輕鬆地拔出刀鞘，真好玩。
所以也就升起了這種衝動……
哼哼哼……
鏘

畫胄甲畫到產生興趣就做了各種調查，
發現每一頂的個人特色都很誇張啊——
絕對有在接收什麼東西的類型
藤堂高虎
這頂胄甲獲得「實在有夠寬」獎
也太長了，不管怎麼說實在也太長了，
這跟秀吉那頂一樣。
對同伴滿懷殺意的類型
秀吉
最不希望上司戴的胄甲排名
第一名就是這頂（根據小澎調查）
戴著這個到處走來走去的話，
人人自危的下屬們會無法工作的。
領先時代潮流的兔耳類型
明智光春
我對歷史沒有興趣，但這頂兔耳胄甲是經過了怎樣
變遷而成為現代兔女郎的兔耳，又如何再衍生成
秋葉原的貓耳，我好在意這當中進化的過程。
總之就是蓬鬆蓬鬆的類型
信玄
好——乖好乖乖乖乖乖♡
聯邦的白色惡魔型
世紀末霸王型
只要打不中就沒什麼了不起型
原力的黑暗面型
假面騎士戴上橘子型
吉祥物型
唔——無論是哪個時代，英雄好像總是會搭配頭盔呢。這麼多人都有戴，真令我意外。

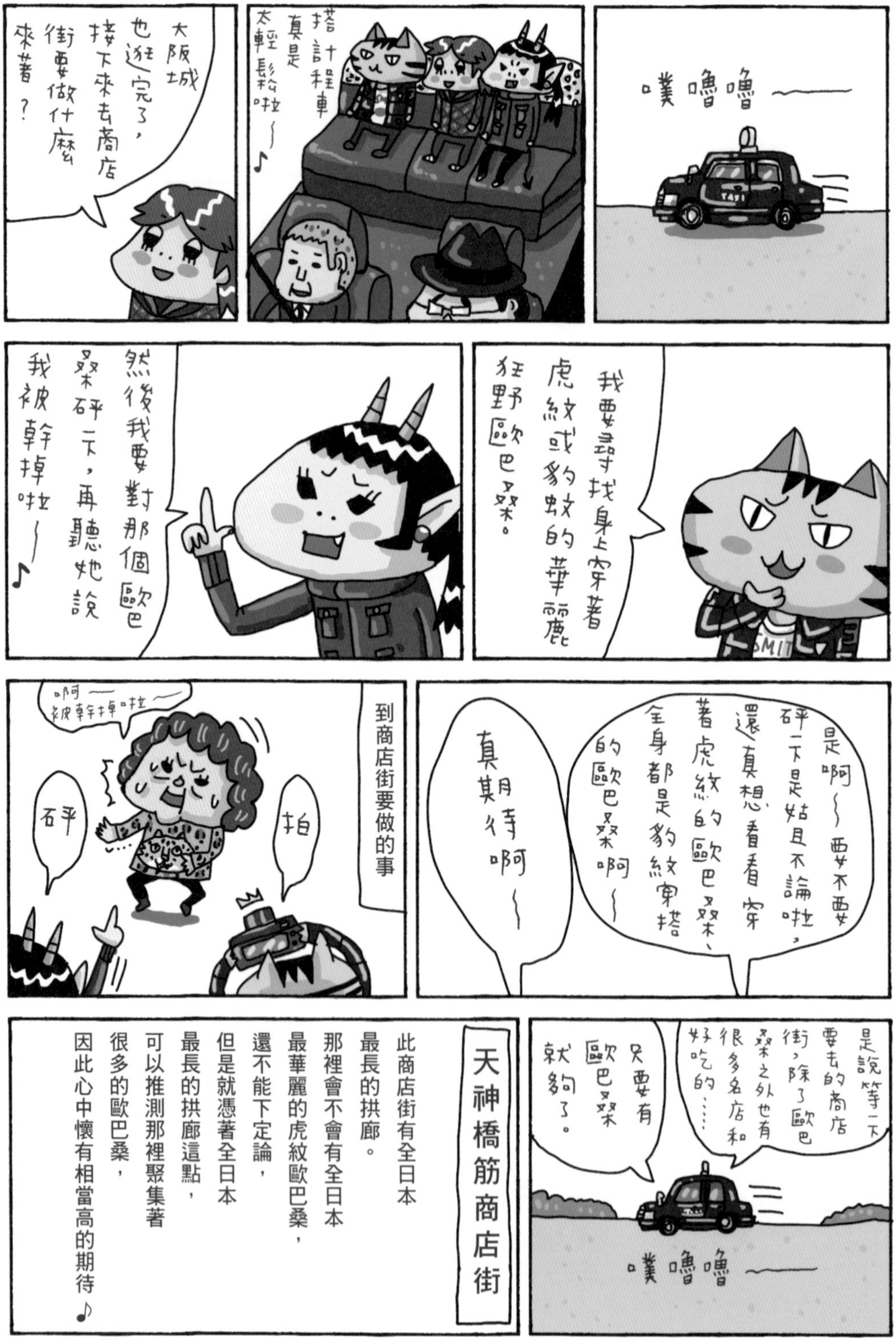
噗嚕嚕——
搭計程車真是太輕鬆啦~♪
大阪城也逛完了，接下來去商店街要做什麼來著？
我要尋找身上穿著虎紋或豹紋的華麗狂野歐巴桑。
然後我要對那個歐巴桑砰一下，再聽她說我被幹掉啦~♪
是啊~要不要砰一下是姑且不論啦，還真想看看穿著虎紋的歐巴桑、全身都是豹紋穿搭的歐巴桑啊~
真期待啊~
到商店街要做的事
啊——被幹掉啦——
拍
砰
是說等一下要去的商店街，除了歐巴桑之外也有很多名店和好吃的……
只要有歐巴桑就夠了。
噗嚕嚕——
天神橋筋商店街
此商店街有全日本最長的拱廊。那裡會不會有全日本最華麗的虎紋歐巴桑，還不能下定論，但是就憑著全日本最長的拱廊這點，可以推測那裡聚集著很多的歐巴桑，因此心中懷有相當高的期待♪

哇，突然有就好多人喔。
那間旅遊書上有介紹的超人氣炸物店喔，吃吃看吧？
御迎人偶
怎麼有個這麼恐怖的人在上面～!!
呼哈
呼哈
炸牛排
可樂餅
度ありがとうございます
炸火腿炸肉丸 1個 70円
上等炸豬排 1枚 350円
上等炸牛排 1枚 550円
炸豬排 1枚 180円
炸牛排 1枚 250円
可樂餅 1個 70円
我要可樂餅♪
那我炸牛排♪
我很怕燙。
我是貓舌頭。
看就知道了吧！
因為……
怎麼不吃咧？
啊，不用管我沒關係。
咦？小澎你快吃啊，不吃會冷掉喔。
呼哈呼哈
好燙！呼哈呼哈……
真是……呼哈……剛炸好的真的好燙……超好吃……
呼哈啊！
呼呼呼
呼哈
呼哈
燙口
拉扯～
好，就是現在！
咬
幾分鐘過後
怕燙的人是不會毫無準備就把燙的東西吃進嘴裡的，會先用嘴唇碰碰食物確認溫度。
輕觸
輕

噹——
……牛肉掉出來了。
晃～
咦～
波！
?!
使勁～～
拔出
這可是沒有牛排的炸牛排喔。
欸，可以的話，這給你吃吧？
誰要啊?!
吞下♪
狂吃 猛吃
沈——默
小澎，你在看什麼？蕎麥麵店？想吃這個嗎？
盯～～
呼～走路走得好累啊，真不愧是日本最長的拱廊。要不要到哪邊坐坐順便吃個午餐啊？
喘
喘
歐巴桑在哪啊～
都沒有歐巴桑嗎～
天婦羅蕎麥麵上桌～
我要點天婦羅蕎麥麵!!
咦～～？天氣這麼冷你還要吃冷的蕎麥麵？是也可以啦……
這間店很棒!!
就吃這家!!
喔，還真稀奇呢，居然自己做決定。

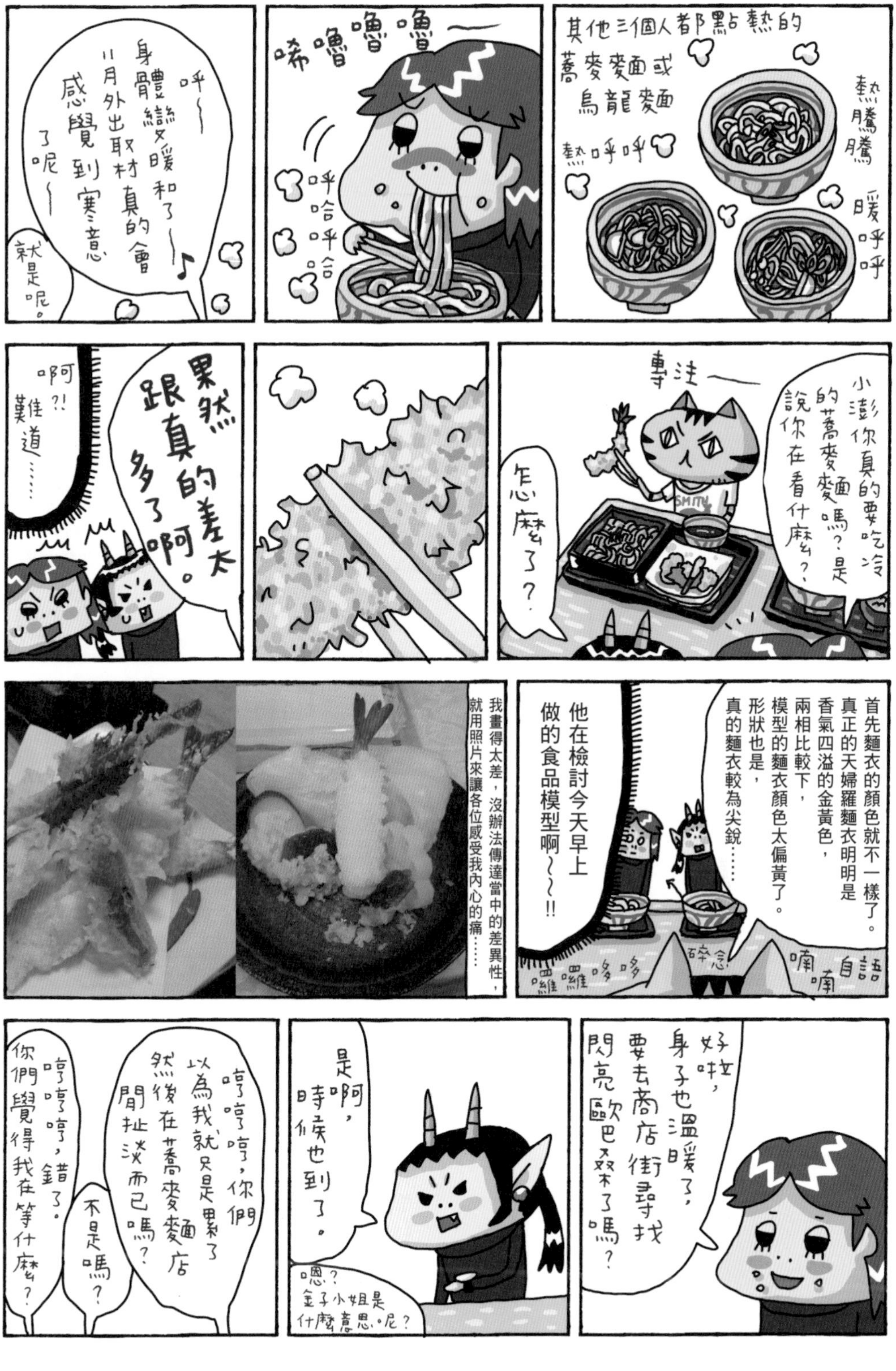

其他三個人都點熱的蕎麥麵或烏龍麵
熱騰騰
暖呼呼
熱呼呼
唏嚕嚕嚕～
呼哈呼哈
呼～身體變暖和了～♪
11月外出取材真的會感覺到寒意了呢～
就是呢。
專注～
小澎你真的要吃冷的蕎麥麵嗎？是說你在看什麼？
怎麼了？
果然跟真的差太多了啊。
啊?! 難道……
首先麵衣的顏色就不一樣了。真正的天婦羅麵衣明明是香氣四溢的金黃色，兩相比較下，模型的麵衣顏色太偏黃了。形狀也是，真的麵衣較為尖銳……
喃喃自語
碎念
囉囉唆唆
他在檢討今天早上做的食品模型啊～～!!
我畫得太差，沒辦法傳達當中的差異性，就用照片來讓各位感受我內心的痛……
好啦，身子也溫暖了，要去商店街尋找閃亮歐巴桑了嗎？
是啊，時候也到了。
嗯？金子小姐是什麼意思呢？
哼哼哼，你們以為我就只是累了然後在蕎麥麵店閒扯淡而已嗎？
不是嗎？
哼哼哼，錯了。你們覺得我在等什麼？

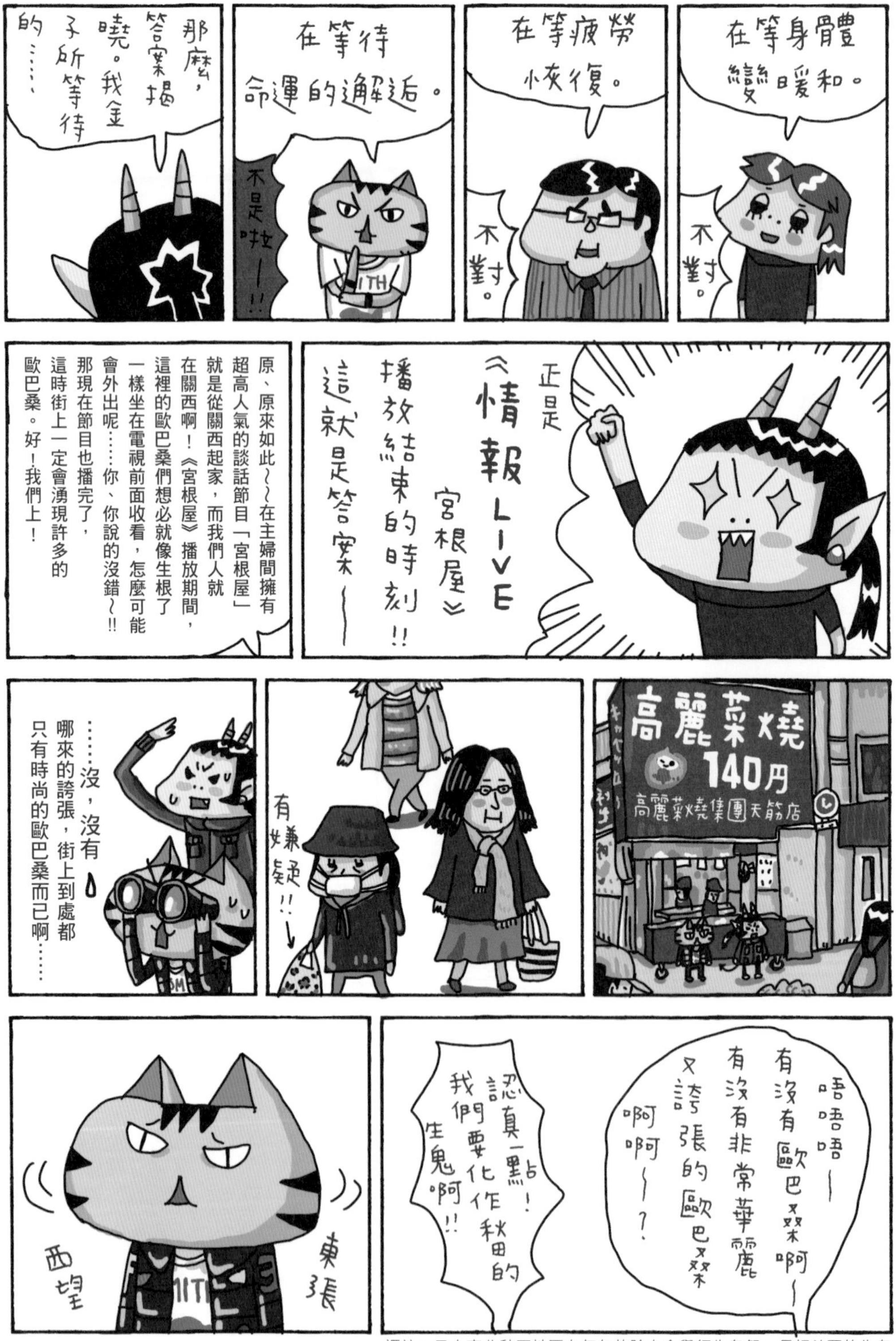
在等身體變暖和。
不對。
在等疲勞恢復。
不對。
在等待命運的邂逅。
不是啦—!!
那麼，答案揭曉。我金子所等待的……
正是《情報LIVE宮根屋》播放結束的時刻!!這就是答案～
原、原來如此～～在主婦間擁有超高人氣的談話節目「宮根屋」就是從關西起家，而我們人就在關西啊！《宮根屋》播放期間，這裡的歐巴桑們想必就像生根了一樣坐在電視前面收看，怎麼可能會外出呢……你、你說的沒錯～!!
那現在節目也播完了，這時街上一定會湧現許多的歐巴桑。好！我們上！
高麗菜燒
140円
高麗菜燒集團天筋店
有嫌疑!!
……沒，沒有
哪來的誇張，街上到處都只有時尚的歐巴桑而已啊……
唔唔唔～有沒有歐巴桑啊～有沒有非常華麗又誇張的歐巴桑啊啊～?
認真一點！我們要化作秋田的生鬼啊!!
東張
西望

譯註：日本東北秋田地區在每年的除夕會舉行生鬼祭，長相兇惡的生鬼會衝進每戶人家，找出懶惰的孩子給予處罰，具有祛除厄運的含意。

スーパー
玉出
柏青哥店會不會有啊~
……嗯?
生鮮館
SEISENKAN
スーパー
玉出
激安
咚—
這不是柏青哥店吧?!
超市的招牌這麼閃亮?
這是超級市場?
這,這種美學……和毫無猶豫地拿虎紋豹紋當作日常穿搭的歐巴桑們的美學完全一樣啊!!
有喔!!這裡會有歐巴桑!!
找吧找吧~找出裝扮誇張的歐巴桑吧!
……店裡裝潢也很狂耶。被這霓虹燈誘引而來的歐巴桑……
燈飾
ピカー
セール
広告の品
豚ヘレカツ
(衣付き)
……連一個都沒有……
沒有……
嗚啊啊啊~……
慘敗
砰砰
砰—
金子小姐?!
振作一點啊~?妳是要對歐巴桑開槍吧—!!
對自己開槍是想幹嘛!!
虛弱無力
我已經不行了……
歐巴桑是存在的—!打扮很誇張的歐巴桑一定是存在的—!!不要放棄啊—!!STAY DREAM!!
……已經要回去了喔。
第1回大阪取材結束

眾說紛紜系列

大阪城牆上的巨大石塊是以昆布來搬運的?!

沒錯沒錯，要運送沉重的石塊時，利用
滑溜溜的昆布是非常方便的唷～～
這說法是真的還假的啦——?!
而且用剩的昆布可以拿來做非常美味的
高湯，大阪的昆布高湯文化
也就這樣傳開了～～
到底是真的還假的啦——?!

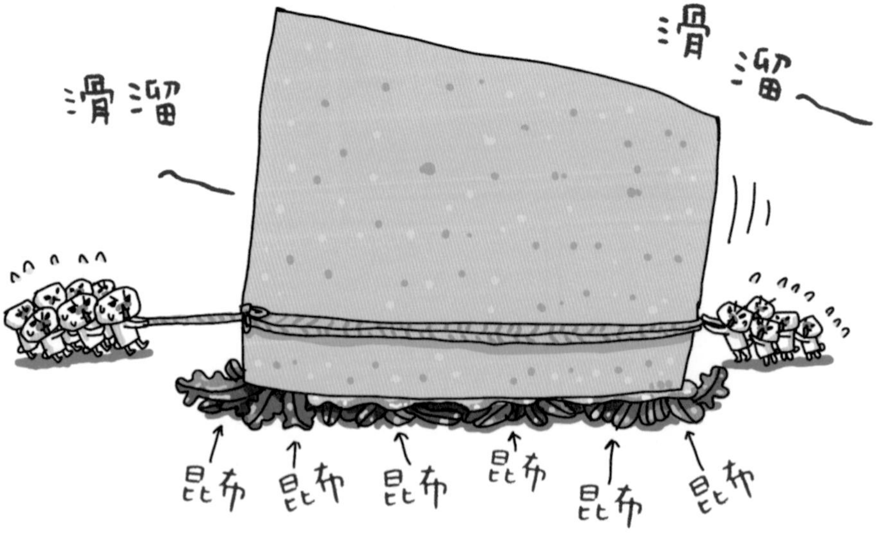

幻想祕密歷史History

黑田官兵衛的頭盔為什麼是「那個」造型呢?!

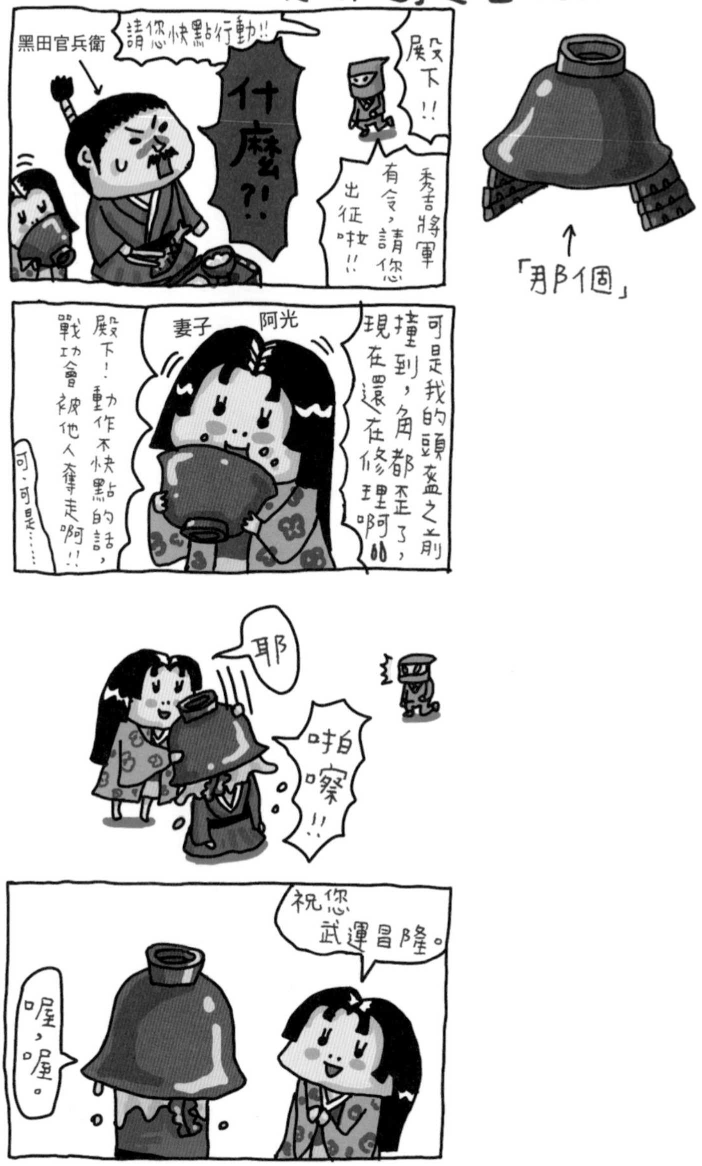

就這樣，官兵衛靠著妻子阿光的機智，得以策馬準時抵達戰場並立下戰功，之後更成為秀吉的軍師，受到重用。順帶一提，建造大阪城時以昆布來運送石塊的點子，也是被海帶味噌湯淋個滿頭的時候想到的唷。以上全部都是我亂掰的。

在大阪買了這個

在大阪買了這個

哇～好懷念喔！♪
這不是不易漿糊嗎～～!!
不易小子——♪
這個漿糊是大阪的公司做的嘛～
我幼稚園的時候有用過喔～
好可愛啊～
這個漿糊♪
你、你在吃漿糊——?!
狂吃猛吃
震驚～
煉乳牛奶布丁
居然是布丁?!

The Photo Gallery

外國人們穿著甲冑和配刀，很開心似的叫嚷著。借衣服來穿的幾乎都是外國的旅客。而我的心中也升起了些許興奮的感覺，不過最後，卻出現了斬殺自己君主的澎田幸村……

吃完早餐回程路上，居然下起雨了，都是這兩個雨男雨女害的。這兩個人，為什麼出門總是都不帶傘呢？最後當然還是和有帶摺傘的另外兩人，一起撐傘回去了。

今天也是到處亂買亂吃的一天。吃了這麼多，覺得在天神橋筋商店街買的可樂餅真是太美味了～

天神橋筋商店街從一丁目開始，尾端在七丁目，聽說南北兩端總長有2.6公里之多。因為機會難得，我們真的有從頭走到尾喔。每個街區的拱廊都有各自的特色，很有趣。唉，不過沒有遇到我們在找的那種歐巴桑啊……

現今的大阪城好像是昭和六年的時候以鋼筋水泥重建的，因此心中有些感慨，大概是一絲絲遺憾的心情吧。

From：

地址：

廣　告　回　信
台北郵局登記證
台北廣字第01764號

平　信

To：台北市 10445 中山區中山北路二段 26 巷 2 號 2 樓

大田出版有限公司　／編輯部　收

電話：（02）25621383　傳真：（02）25818761

E-mail：titan3@ms22.hinet.net

意想不到的驚喜小禮
等著你！

只要在回函卡背面留下正確的姓名、
E-mail和聯絡地址，並寄回大田出版社，
就有機會得到意想不到的驚喜小禮！
得獎名單每雙月10日，
將公布於大田出版粉絲專頁、
「編輯病」部落格，
請密切注意！

編輯病部落格

大田出版

0710125

大田出版 讀者回函

姓　　名：＿＿＿＿＿＿＿＿＿＿

性　　別：□男 □女

生　　日：西元＿＿＿＿年＿＿＿＿月＿＿＿＿日

聯絡電話：＿＿＿＿＿＿＿＿＿＿

E-mail：＿＿＿＿＿＿＿＿＿＿

聯絡地址：＿＿＿＿＿＿＿＿＿＿

＿＿＿＿＿＿＿＿＿＿

教育程度：□國小 □國中 □高中職 □五專 □大專院校 □大學 □碩士 □博士

職　　業：□學生 □軍公教 □服務業 □金融業 □傳播業 □製造業
□自由業 □農漁牧 □家管□退休 □業務 □ SOHO 族
□其他 ＿＿＿＿＿＿＿＿＿＿

本書書名：＿＿＿＿＿＿＿＿＿＿

你從哪裡得知本書消息？

□實體書店 ＿＿＿＿＿＿ □網路書店 ＿＿＿＿＿＿ □大田 FB 粉絲專頁
□大田電子報 或編輯病部落格 □朋友推薦 □雜誌 □報紙 □喜歡的作家推薦

當初是被本書的什麼部分吸引？

□價格便宜 □內容 □喜歡本書作者 □贈品 □包裝 □設計 □文案
□其他 ＿＿＿＿＿＿＿＿＿＿

閱讀嗜好或興趣

□文學 / 小說 □社科 / 史哲 □健康 / 醫療 □科普 □自然 □寵物 □旅遊
□生活 / 娛樂 □心理 / 勵志 □宗教 / 命理 □設計 / 生活雜藝 □財經 / 商管
□語言 / 學習 □親子 / 童書 □圖文 / 插畫 □兩性 / 情慾
□其他 ＿＿＿＿＿＿＿＿＿＿

請寫下對本書的建議：

※ 填寫本回函，代表您接受大田出版不定期提供您出版相關資訊，
大田出版編輯部 感謝您！

第三章

四天王寺與安倍晴明與住吉大社

第2回取材3月3日
季節轉換，時間從十一月來到了三月。為了第二次的大阪取材之旅，我們在品川站集合。
上次是十一月，天氣當然很冷，不過現在三月了體感溫度還是滿低的耶～
就是說啊。
不過就是因為是十一月，和上次比起來，現在這時期只要穿著外套的話，也就不會感到那麼寒冷了吧？而且這次似乎無論如何都不會降雨……
各位早——安。
你們好啊～三個月沒見啦～♪
哎呀呀我好久沒出門了，外面好溫暖啊真嚇了一跳呢♪
登——場
這傢伙穿這麼薄就出門了——?!
你穿成這樣我才嚇了一跳啦!!你背包裡面一定有帶外套吧？
咦？我沒帶啊，不是都三月了，已經是春天了吧？
小澎啊，曆法中的三月確實是春天沒有錯，不過今天也才三號喔。氣象預報說今年到三月中為止強烈冷氣團都有可能南下，平均氣溫也較往常更低
可是現在就很暖嘛。
那晚上你要怎麼辦啊?!絕對會變冷啊？你的旅遊白痴病怎麼都不會好啊。
剛剛買了早餐，要來開動囉——♪
沙沙沙
鏘鏘——!!
喔，是燒賣便當嗎？
シウマイ
哇——
不——是，裡面全部都是燒賣♪
列隊——!!
咦——?!

我來說明一下，燒賣便當裡通常會放五個燒賣，但因為太好吃了，真想再吃多一點啊～大家不是都會這樣想嗎？沒錯吧。
就是因為這種心情，我買的這盒裡面居然裝了15個燒賣喔！也就是可以吃到比平常多三倍的分量唷，阿爾黛西亞♪呵呵呵，新人類是否也能全部吃光呢……就讓我見識一下吧！
而且如果你不是買燒賣便當而是只買燒賣的話，一概都會附上陶製的……
好～可～愛～♪
「葫蘆娃」唷！

譯註：阿爾黛西亞為《鋼彈 The ORIGIN》的角色。

我再來說明一下!!葫蘆娃是醬油罐，因為罐子上有非常多種不同的表情，所以也有人專門在收集這個喔!!相當受歡迎啊～
欸不好意思打斷一下，不過你這些留到橫濱篇之類的再講吧？這次是大阪篇耶……
嘖！
那根本不知道什麼時候會出啊，我才不會等到那時候咧!!有哏就要用，要把握當下嘛!!
手滑!!
滑溜
啊～!
咔咚～!!叩隆叩隆叩隆叩隆～叩隆隆……
葫蘆娃～?!
怎麼辦?!葫蘆娃滾到座位下面去了呀啊啊～!!
在車內請保持安靜
……這個……它滾過來了……
啊!
對不起!!
崎～陽～軒～♪
那現在都沒事了，可以請您告訴我們這次的行程嗎？
♪
好的。
上次取材時，我們去了新世界與道頓堀等一般而言代表大阪風情的鬧區，所以第二次，我想就去一些比較有韻味的地方走走吧。今天第一天，徹底安排了寺廟、神社巡禮～!!預計去四天王寺或住吉大社等等。
第二天我想就去美國村和菜市場之類的逛街吧。
我了解了。
真不想承認啊。燒賣還是配飯吃，比較對味啊。
唔……

新大阪
首先搭御堂筋線往天王寺出發。
天王寺
天王寺
天王寺駅北口
好的好的，那麼我們的目標是四天王寺，
Let's go～！
天王寺
……
天王寺
Tennoji
30
……
欸我說啊……四天王寺也是可去啦，但一開始還是去天王寺比較好吧？天王寺感覺比較有名啊，都拿來當地名了耶……
「天王寺」不是一間寺廟喔。天王寺這個地名是四天王寺的簡稱，最早地名是四天王寺，但大家都叫這裡天王寺。
咦，是這樣啊……可是最早應該是這裡有四個人被稱做四天王之類的，才有這地名吧，把四拿掉的話好像變成只有一個天王，其他三個人可以接受嗎？栗田貫一、清水章和busy four，你們難道覺得這樣就好嗎？都只有可樂餅出頭不覺得很詐嗎？
你是說模仿四天王喔?!
四天王寺
這裡沒有供奉模仿之神。蓋這座寺廟的人就是那位鼎鼎大名，原本印在鈔票上面的聖德太子。是說，四天王是指持國天、增長天、廣目天和多聞天，記起來的話，人家會誇你「連這種事都知道啊—!!」也可能不會特別說什麼。補滿篇幅了，真讚！

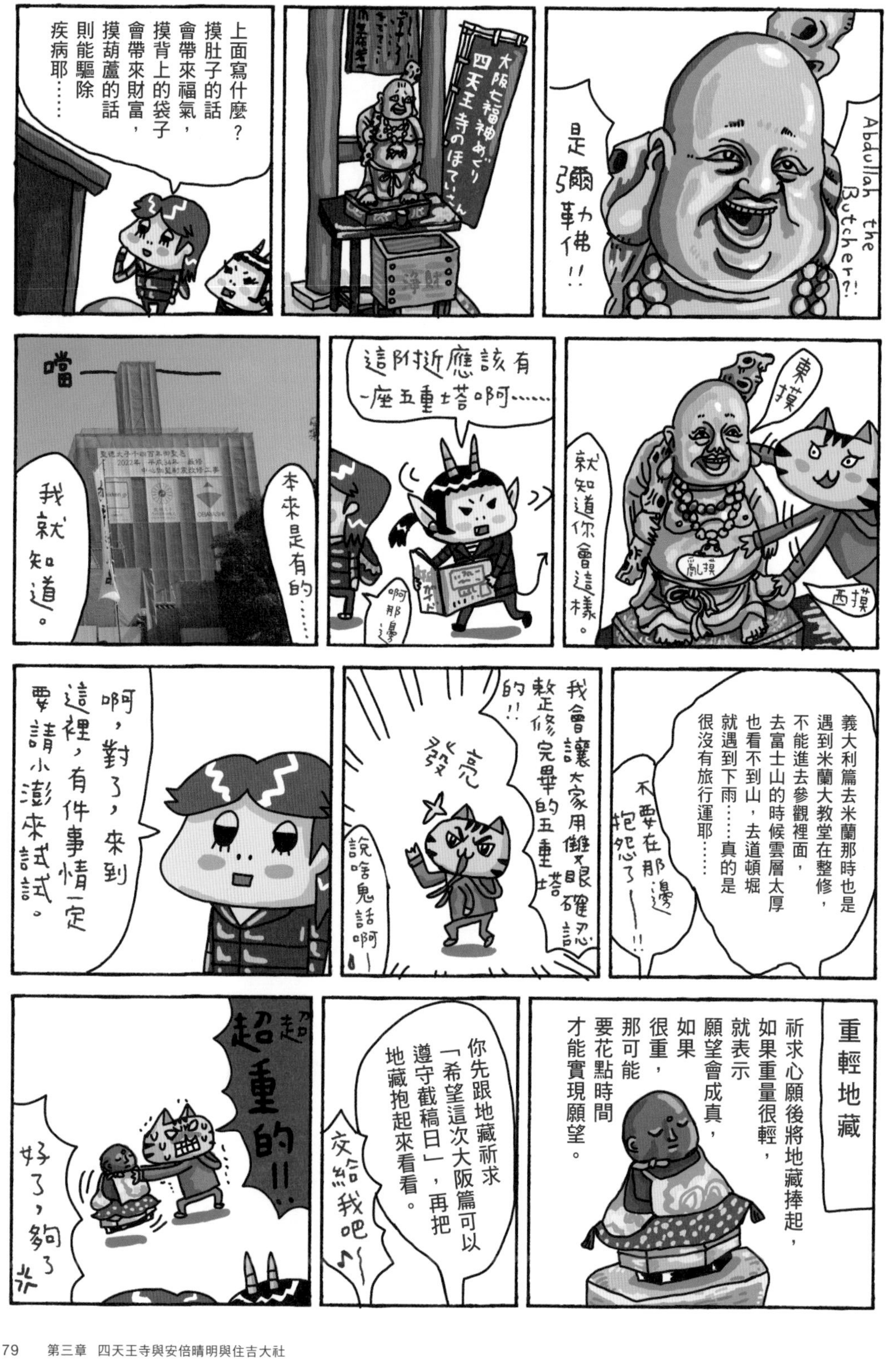
是彌勒佛!!
Abdullah the Butcher?!
大阪七福神めぐり 四天王寺のほていさん
淨財
上面寫什麼?摸肚子的話會帶來福氣,摸背上的袋子會帶來財富,摸葫蘆的話則能驅除疾病耶……
東摸
就知道你會這樣。
亂摸
西摸
這附近應該有一座五重塔啊……
啊那邊
噹
本來是有的……
我就知道。
義大利篇去米蘭那時也是遇到米蘭大教堂在整修,不能進去參觀裡面,去富士山的時候雲層太厚也看不到山,去道頓堀就遇到下雨……真的是很沒有旅行運耶……
不要在那邊抱怨了——!!
我會讓大家用雙眼確認整修完畢的五重塔的!!
發亮
說啥鬼話啊——
啊,對了,來到這裡,有件事情一定要請小澎來試試。
重輕地藏
祈求心願後將地藏捧起,如果重量很輕,就表示願望會成真,如果很重,那可能要花點時間才能實現願望。
你先跟地藏祈求「希望這次大阪篇可以遵守截稿日」,再把地藏抱起來看看。
交給我吧♪
超超重的!!
好了,夠了

寺廟旁邊是學校耶。
是什麼學校呢？
噹噹
法人学校
四天王寺学園
這，這是——?!
噹——
全國高中選拔大會
祝 參賽
桌球社
羽球社
手球
而且是很強的學校耶!!
全國大會
可惡——我輸了——!!
別太在意啊。你已經很努力了，只不過是對手太邪惡罷了。
是啊，沒有一間學校可以贏過他們那群傢伙的。
他們太強了!!
四天王寺高中桌球社當中有四個人……!!
先鋒
擅長連贏五場反手直拍之
萬次丸
次鋒
巨大球拍毫無空隙
大山不動
副手
遊走犯規邊緣的二刀流
宮本小杉
主將
以氣功控球無須球拍之
正雄
人稱……桌球四天王!!!!
登——場
以及率領這四天王的傳說中的名教練聖德太紙（40）。傳說他可以同時傾聽所有社員的煩惱並給予適當的建議。「現在放棄的話，比賽就結束了喔。」這句話好像不是他說的。
教練
那根本沒臉嘛（泣）

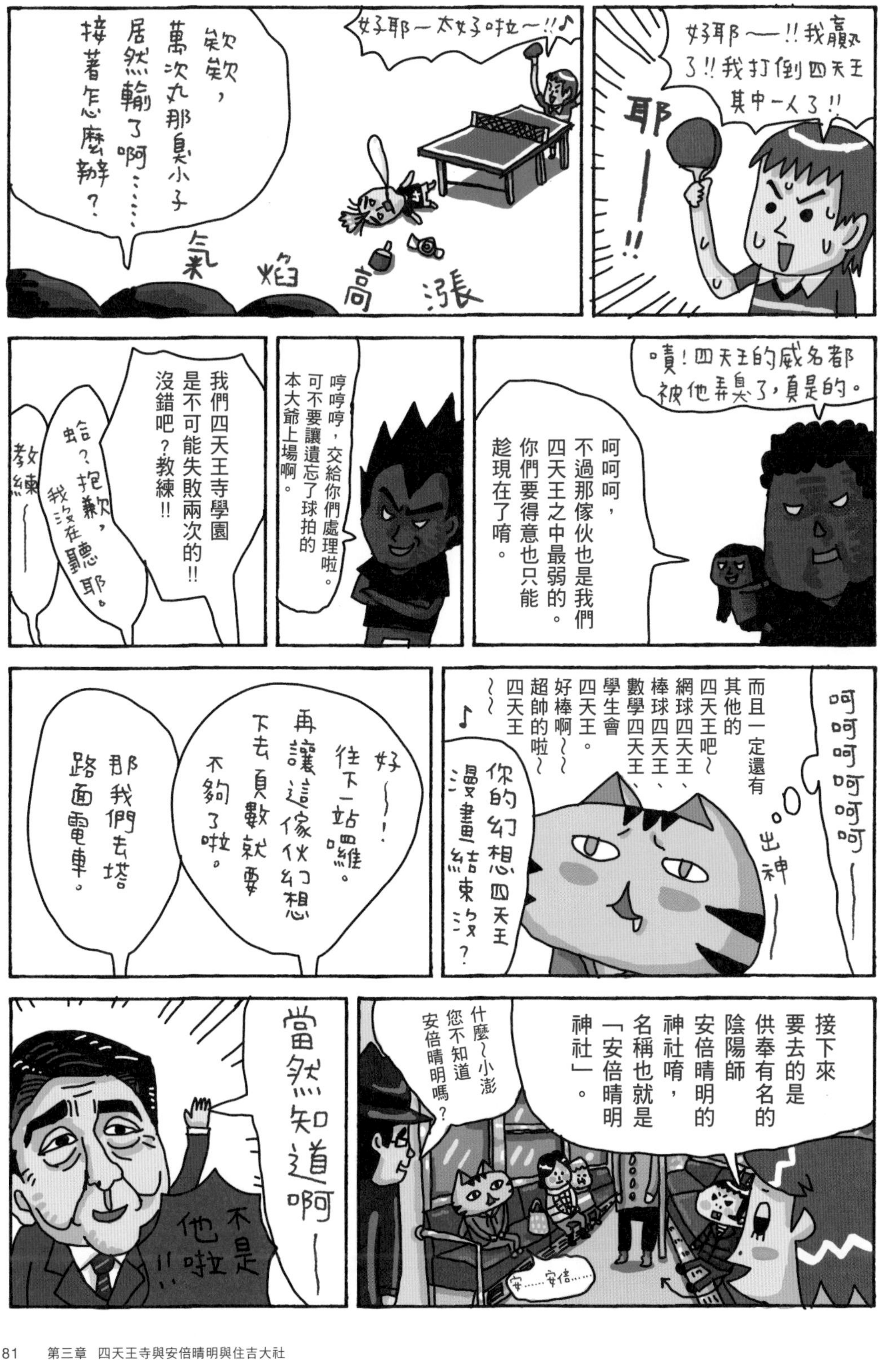
好耶——!!我贏了!!我打倒四天王其中一人了!!
耶——!!
好耶—太好了啦~!!♪
欸欸，萬次丸那臭小子居然輸了啊……接著怎麼辦？
氣焰高漲
嘖！四天王的威名都被他弄臭了，真是的。
呵呵呵，不過那傢伙也是我們四天王之中最弱的。你們要得意也只能趁現在了唷。
哼哼哼，交給你們處理啦。可不要讓遺忘了球拍的本大爺上場啊。
我們四天王寺學園是不可能失敗兩次的!!沒錯吧？教練!!
蛤？抱歉，我沒在聽耶。
教練~~~
呵呵呵呵呵呵~~
出神~
而且一定還有其他的四天王吧~網球四天王、棒球四天王、數學四天王、學生會四天王。好棒啊~~超帥的啦~~四天王~~♪
你的幻想四天王漫畫結束沒？
好~~!往下一站囉。
再讓這傢伙幻想下去頁數就要不夠了啦。
那我們去搭路面電車。
接下來要去的是供奉有名的陰陽師安倍晴明的神社唷，名稱也就是「安倍晴明神社」。
什麼~小澎您不知道安倍晴明嗎？
安……安倍……
當然知道啊——
不是他啦!!

欸等等啦，這邊完全是住宅區耶，這種地方哪可能會有神社啊？
嗯～不過地圖上說是在這附近啊……啊，有了。
咦，真的耶。
兩棟普通的房子中，夾了一間小巧雅致的神社。
安倍晴明神社
盯——
閃亮
閃亮亮——
安倍晴明神社
……真是很奇幻的神社耶，匾額上面還刻著星星啊！不過總覺得星星符號有種美式風格的感覺就是了……
那不是普通的星星!!那是五芒星好嗎！
是陰陽道之中象徵除魔的印記喔。
小孩子之所以會討厭蔬菜，幾乎都是因為紅蘿蔔，不過那種蔬菜的土腥味總覺得也是原因之一呢～
牛蒡錯了嗎?!

譯註：「五芒星」和「牛蒡的錯」日文發音相近。

安倍晴明
活躍於平安時代的陰陽師，工作內容是占卜和祝禱之類的吧？應該不是那種丟出符咒封住殭屍行動之類的，但他給我一種會做這種事的印象。
又是帥哥
咻!!
A S
惡靈退散，嚴守截稿日!!
咻哇——
嘰嘎

唔嗯……
這位仁兄啊……
該怎麼說呢？
秀吉啦、信長啦、家康之類這種等級的我是知道沒錯，
但同樣從歷史人物的角度來看安倍晴明，到底要怎麼理解這個人才正確啊……
他的事跡真的是~不知道要怎麼講耶，像是封印了天狗、指導別人如何祛鬼啦，還能自由自在地驅使精靈等等，就算要評論，
除了「您、您辛苦了!!」以外，也真的無話可說了……
欸欸欸，真的假的啊……
然後他好像很喜歡狐狸。
是的
他出場了！
陰陽道教的偶像安倍晴明先生！
呀~呀~
這樣算帥嗎？什麼啊，還滿普通的吧……欸欸欸不要!!不要拿牛蒡打我啦!!
安倍
在這當中有一隻姿勢相當特別的狐狸，很明顯地和普通的狐狸不同。
跳——躍
為什麼只有這座雕塑的氣質特別出眾，看起來充滿了活力呢？躍動感也是不是蓋的。
真是的，神社裡很明顯地被某種氣氛籠罩了。就是類似每個班上總會有一個不會看人家臉色的男同學那種氣氛。嘿~狐夫同學~老師已經沒在生氣了啦你可以下來了~咦?!你說這是他媽媽？
咦？？
欸欸欸，那隻狐狸，是晴明的老媽啊!!必須多花一格來表達我的震驚……
媽媽是狐狸……
「您，您辛苦了!!」
繪馬也很華麗呢！
祈願
安倍晴明神社
好的，神社與寺廟巡禮也將近尾聲囉，最後要去的景點也是光聽名字就赫赫有名的住吉大社。
我們再搭路面電車過去唷——
喂!!他媽媽可是狐狸啊!!
進站的電車看起來是新型的
來者感覺是個帥氣的傢伙啊！

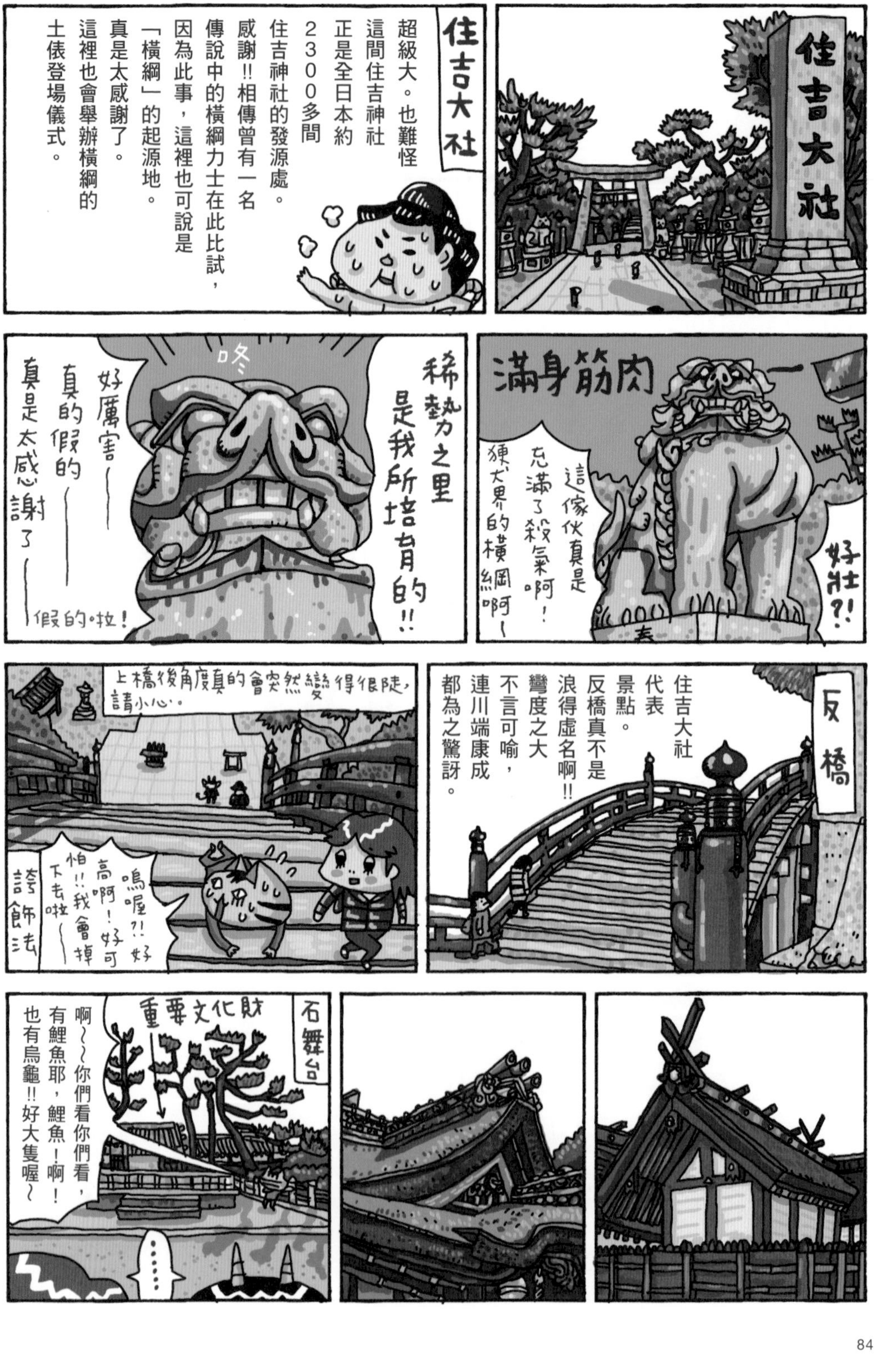

住吉大社
住吉大社
超級大。也難怪這間住吉神社正是全日本約2300多間住吉神社的發源處。感謝!!相傳曾有一名傳說中的橫綱力士在此比試，因為此事，這裡也可說是「橫綱」的起源地。真是太感謝了。這裡也會舉辦橫綱的土俵登場儀式。
滿身筋肉
好壯?!
這傢伙真是充滿了殺氣啊!
狛犬界的橫綱啊~
稀勢之里是我所培育的!!
咚
好厲害~
真的假的——
真是太感謝了——
假的啦!
反橋
住吉大社代表景點。反橋真不是浪得虛名啊!!彎度之大不言可喻，連川端康成都為之驚訝。
上橋後角度真的會突然變得很陡，請小心。
嗚喔?!好高啊!好可怕!!我會掉下去啦~
誇飾法
石舞台
重要文化財
啊~~你們看你們看，有鯉魚耶，鯉魚!啊!也有烏龜!!好大隻喔~
………

10m
パワースポット
住吉大社！
五大力石守
五所御前の石玉垣の中
這是什麼？
五大力石守？
咦～是能量景點呢。
能量景點是啥啊？……啊啊是那個吧，只要擁有它，樂透就會中一億日幣，賭博也會狂贏，接著可以躺在滿是鈔票的浴缸裡面一邊比YA一邊說有這麼多錢的話美女也就任我挑選呢～那種東西吧！
那是什麼奇怪的能量石啦!!
能量景點
滿溢著大地能量的場所。只要人在那裡，運勢就會變好，因此大家似乎都很想去那樣的地方走走。
人怎麼這麼多啊……
人們好愛這裡喔～～好愛能量景點喔～～但怎麼好像有什麼摩擦的聲音啊……
絡繹不絕
大家是怎麼了?!呃，是手被夾住了拔不出來嗎？？？
找到啦!!
喔!!發現一位終於把手拔出來而興高采烈的先生了，太好了～～不，好像不太對耶，他手上拿著什麼啊？
怎麼看都像是他們把手臂伸進這個細縫裡撿石頭的樣子……
パワースポット
五大力石守
五大力石守：撿拾以墨水寫有
五、大、力的小石頭拾得三個一組者，
生命、福氣、體力、智力、
財力等方面種種運勢將會
POWER UP
可放入御守袋（300圓）裡，
懸掛在隨身包或房間之中
在神社看到POWER UP這幾個字，違和感真的有夠強耶。
日文也是有夠怪的……
總而言之，鋪在柵欄裡頭的石塊之中，有一些各寫著「五」「大」「力」文字的小石頭，收集到三個之後，裝進御守袋裡，帶在身上，運氣好像就會變好喔。
五
大
力
石～
石～
石～
♪
石～
石～
石～
好～！那迅速地找出三個石頭之後，好運滾滾來，樂透中頭彩，浴缸裡面也可以放滿鈔票了耶～～!!
就說不是那種奇怪的什麼能量石了啦!!

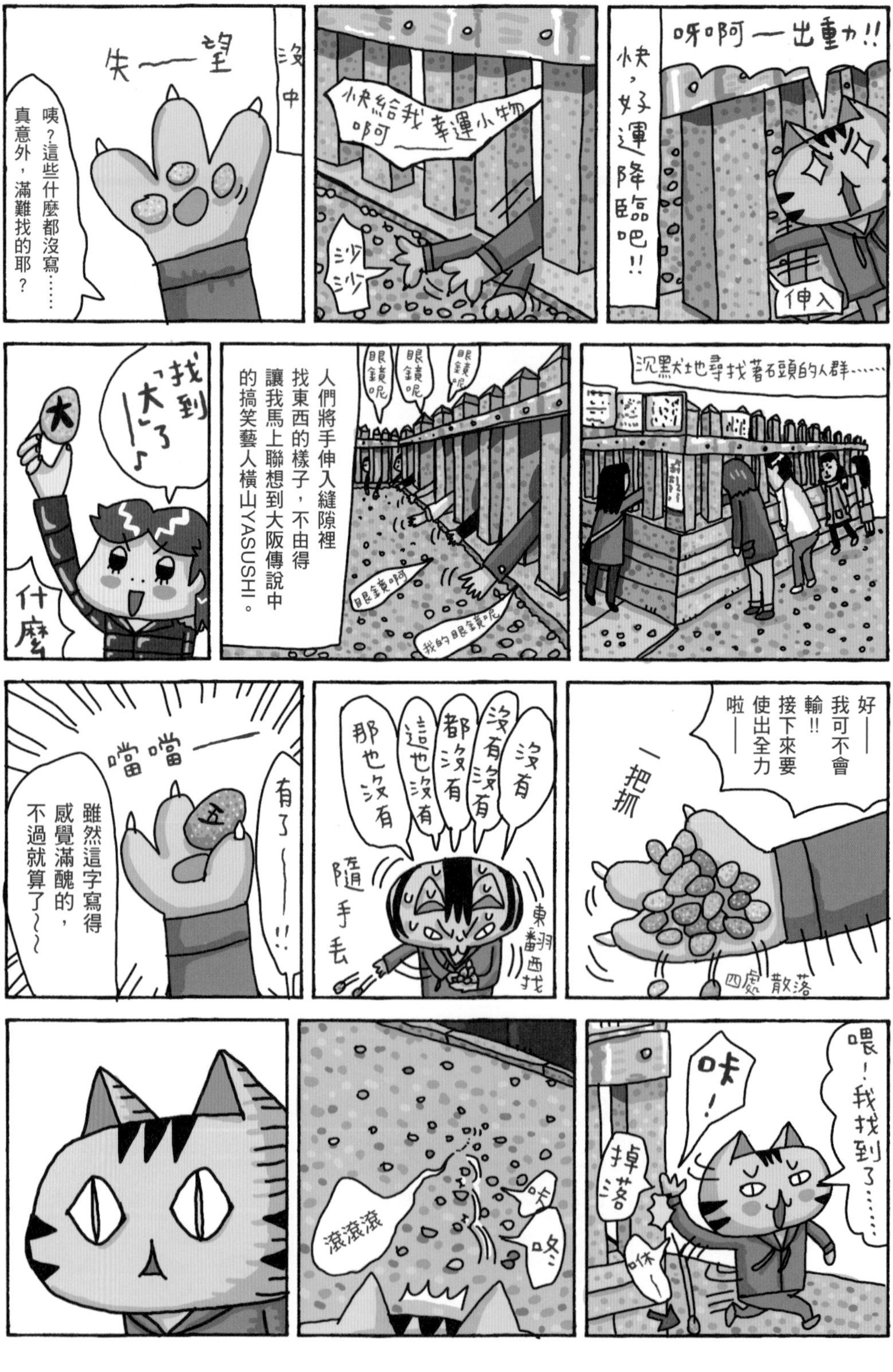

譯註：被譽為天才漫才師的日本搞笑藝人，卒於1996年，享年51歲。與西川KIYOSHI組成的漫才團體自六零年代以來始終擁有極高人氣，尋找眼鏡是他著名的搞笑橋段之一。

1.2……3……
耶~我集滿三個囉!♪
咦你們兩個沒有找喔?
比現在還要更好的好運到底是怎樣的好運呢……
我不要。
我也是。
這兩位完全不需要提升運勢了
小澎~找得如何?你看我找到三個了喔~
沙沙沙
你在幹嘛啊。
怎麼沒有!
找不到!
掉到地上了嗎?太老套了吧!
為什麼地上鋪的小石頭也長得一模一樣啊~~(泣)
所以你要怎麼辦?放棄了?
才不咧，我要再挑戰一次!!
請稍等
好耶——!!我完成了!!♪
不過為何明明是「大」卻寫得那麼小，「力」又一副很弱的樣子……算了算了……
耶~
成功了♪讓大家久等了~
啊
猛撞
這傢伙是在開玩笑嗎?!
雖然很悲劇……但這是真的(泣)
咦?咦咦咦
你到底在搞什麼啦
手忙腳亂
媽媽~~為什麼那個人要趴在地上在那邊拍翅膀啊?
噓!!不要看他!!
沙沙沙
結果完全沒找到。
請給我一個御守袋~~♪

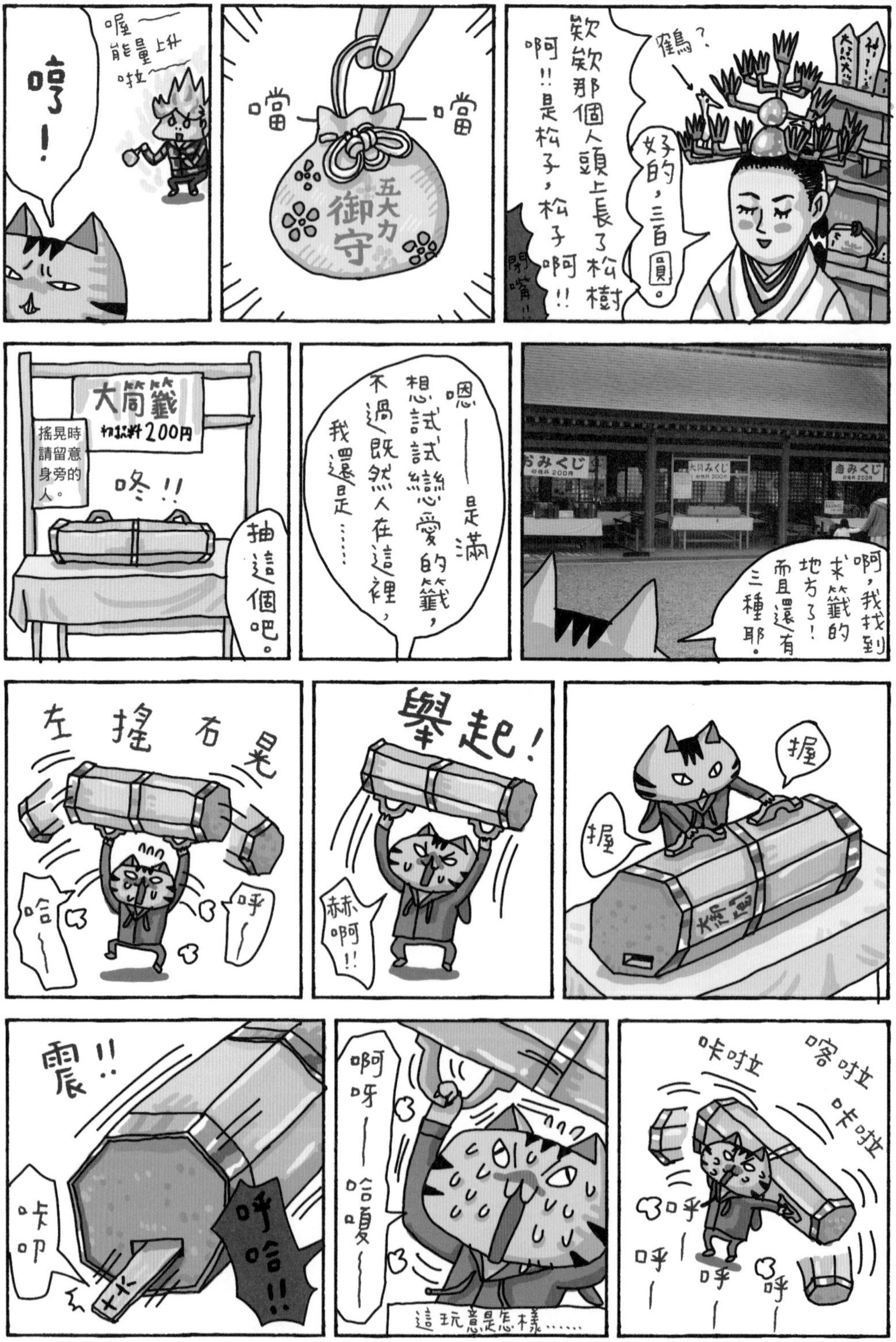
鶴?
好的，三百圓。
欸欸那個人頭上長了松樹
啊!!是松子，松子啊!!
閉嘴!!
噹
噹
五大力
御守
喔——
能量上升
啦~
哼!
おみくじ
大筒みくじ
恋みくじ
啊，我找到求籤的地方了!而且還有三種耶。
嗯——是滿想試試戀愛的籤，不過既然人在這裡，我還是……
大筒籤
初穗料200円
搖晃時請留意身旁的人。
咚!!
抽這個吧。
握
握
舉起!
赫啊!!
左搖右晃
哈~
呼~
咔啦
喀啦
咔啦
呼
呼~
呼~
呼~
啊呀——
哈嘎——
這玩意是怎樣……
震!!
咔叩
呼哈!!

嗯～16號是……喔小澎好厲害是大吉唷。
喘 喘
嘿嘿
好耶～我抽到大吉啦！♪
大間籤
初穗料200円
呀～阿真～是大吉耶～好強喔～
欸咻
叩
還好我們求的是一般的籤耶，要是求戀愛的籤，不管我們怎麼抽都是大吉嘛～
齋藤先生，我的大吉是怎樣的大吉啊？極大吉？還是巨大吉？
就是一般的大吉。
不不不，那個筒子很重耶，我搖好多次才抽中，所以我的大吉不可能跟隔壁那對情侶抽到的普通的大吉一樣吧（苦笑）啊～我知道了，超級大吉對吧！
就是一般的大吉。
你說什麼
太陽也快下山了呢～
好冷喔，我要躲進洞穴裡面了～
抖抖 抖抖
有夠冷
就跟你說吧。
早上我有講過吧？就說要帶外套，我講過吧？
幫我買啦!!
唉～真拿你沒辦法。
這件怎麼樣？
OSAKA
なんでやねん
不要啦——!!
答啦啦啦答啦——♪
小澎得到了外套。
1500圓唷～♪
好便宜!!

The Photo Gallery

據說四天王寺是聖德太子在西元593年所創建的，極具歷史感。真想看看五重塔啊～
「輕重地藏」的體感重量好像真的是因人而異。就像你所看到的，對小澎來說好像相當重。在摸彌勒佛的時候，因為想要獲得好運，所以肚子、背上的袋子和葫蘆都摸到了。

搭新幹線時連富士山都看得到，對外出取材而言真是難得的好天氣。小澎把燒賣分給大家吃。都在聊一些跟大阪無關的話題就是了……

搭阪堺電車前往安倍晴明神社，神社在一個不太好找的地方唷！據說這裡是晴明的出生地。

住吉大社那裡真的有好多人在撿石頭。收集到「五」「大」「力」三個石頭後，果然就會很想要買個御守袋呢～

聽說住吉大社距離創建之初已長達1800年。有這麼漫長的歷史背景，當然也就有很多的能量景點吧。這張照片是否有傳達出反橋的陡峭呢？

第四章

美國村與黑門市場與空中庭園

咖啡小惡魔專家
金子的純喫茶探訪 第二回
第二天早上
早餐和上次一樣，去了金子小姐挑選的純喫茶店。
American
是的，各位早安。
這次我們來到的是純喫茶《American》。
在這新古典風格的空間之中，可以喝到相當芳醇的咖啡。
厚重的招牌帶著復古的美式風情
American
アメリカン
純喫茶
店裡洋溢著高級感與摩登又古典的上流氛圍。天花板挑高設計，空間很寬敞。
這不是海葡萄，這是水晶吊燈喔。
該怎麼說呢……店裡沒有任何看起來廉價的地方。每個細節都是重金打造，但完全不會令人感到俗氣，整體非常地優雅又美麗。
咦？這牆壁是怎麼回事?! 木頭耶？木頭會有這樣的弧度？真厲害啊～!!
店裡的時尚風格已經給我不小的衝擊，但迎面而來的服務生更是讓人驚訝。
歡迎光臨。
咦？
我來幫您點餐♪
噹啷～～
是女學生啊——?!

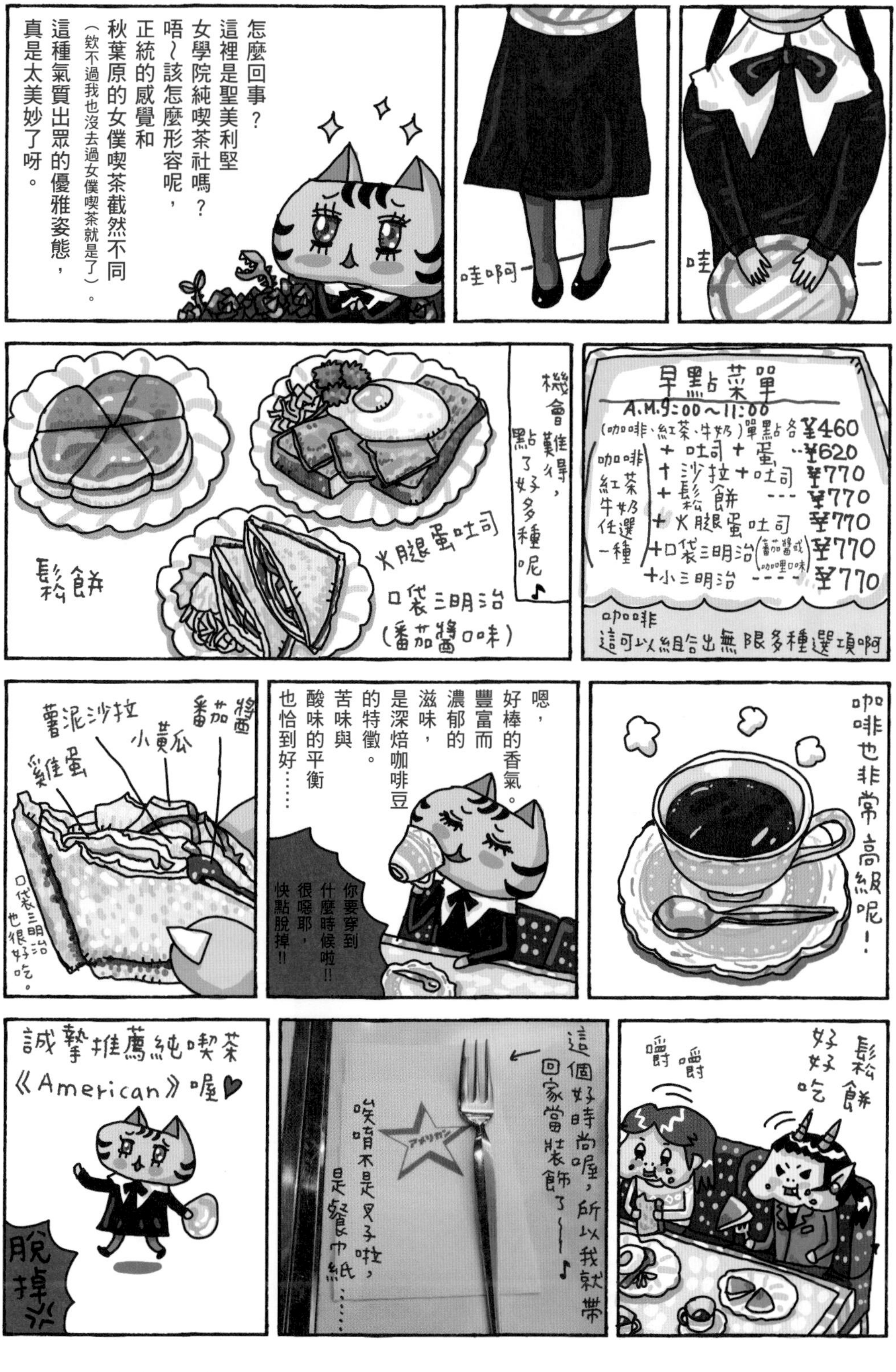

哇
哇啊
怎麼回事？
這裡是聖美利堅女學院純喫茶社嗎？
唔～該怎麼形容呢，正統的感覺和秋葉原的女僕喫茶截然不同
（欸不過我也沒去過女僕喫茶就是了）。
這種氣質出眾的優雅姿態，真是太美妙了呀。
早點菜單
A.M.9:00～11:00
(咖啡、紅茶、牛奶)單點各￥460
咖啡 紅茶 牛奶 任選一種
＋吐司＋蛋…￥620
＋沙拉＋吐司 ￥770
＋鬆餅 --- ￥770
＋火腿蛋吐司 ￥770
＋口袋三明治(番茄醬或咖哩口味)￥770
＋小三明治 ---- ￥770
咖啡
這可以組合出無限多種選項啊
機會難得，點了好多種呢♪
火腿蛋吐司
口袋三明治
(番茄醬口味)
鬆餅
咖啡也非常高級呢！
嗯，好棒的香氣。豐富而濃郁的滋味，是深焙咖啡豆的特徵。苦味與酸味的平衡也恰到好處……
你要穿到什麼時候啦!!
很噁耶，快點脫掉!!
番茄醬
小黃瓜
薯泥沙拉
雞蛋
口袋三明治也很好吃。
鬆餅好好吃
嚼嚼
這個好時尚喔，所以我就帶回家當裝飾了～♪
唉唷不是叉子啦，是餐巾紙……
アメリカン
誠摯推薦純喫茶《American》喔♥
脫掉

美國村
大阪年輕人的流行情報中心。年輕人穿的與年輕人用的、年輕人吃的與年輕人聽的等都在這裡，所有年輕人都聚集在這個小村落。以東京來譬喻的話就是原宿吧？
TOM'S HOSE
YO—YO—♪
這裡是美國村YO—♪
年輕潮流的村落YO—！
歐吉桑來這邊做什麼YO—♪
溜溜球
溜溜球
也就是說大致上都是這樣的店。
唔～嗯，來這邊親眼看了看，這種超級跑錯棚的感覺真的是推到MAX了。
YO——
好，既然事情演變成這樣，那我們也只好……
唯有一吃了。
又要吃～?!

譯註：推到MAX的「推」是嘻哈表演中DJ打碟時操控音控盤的一個慣用動詞，MAX是音量最大值的表記。

煩惱沒哏的時候就是吃！這就是我們大阪篇的處理方式啦～～!!
找吧找吧—!!
找出美國村最棒的美食料理吧～嗯？
Long Softcream
日本第一・
最長的冰淇淋
什麼！有40cm!!
1枝300円
居然!!
在「美國」村卻有所謂的「日本」第一，
這可不得了啊!!
請給我一枝日本第一的冰淇淋!!
我來搞定YO—
喔～這人超有在美國村混的感覺。
……不過，
嗡嗡嗡—
啊，失敗了。
嗡嗡嗡—
嗡嗡嗡—
不行。
這也失敗。

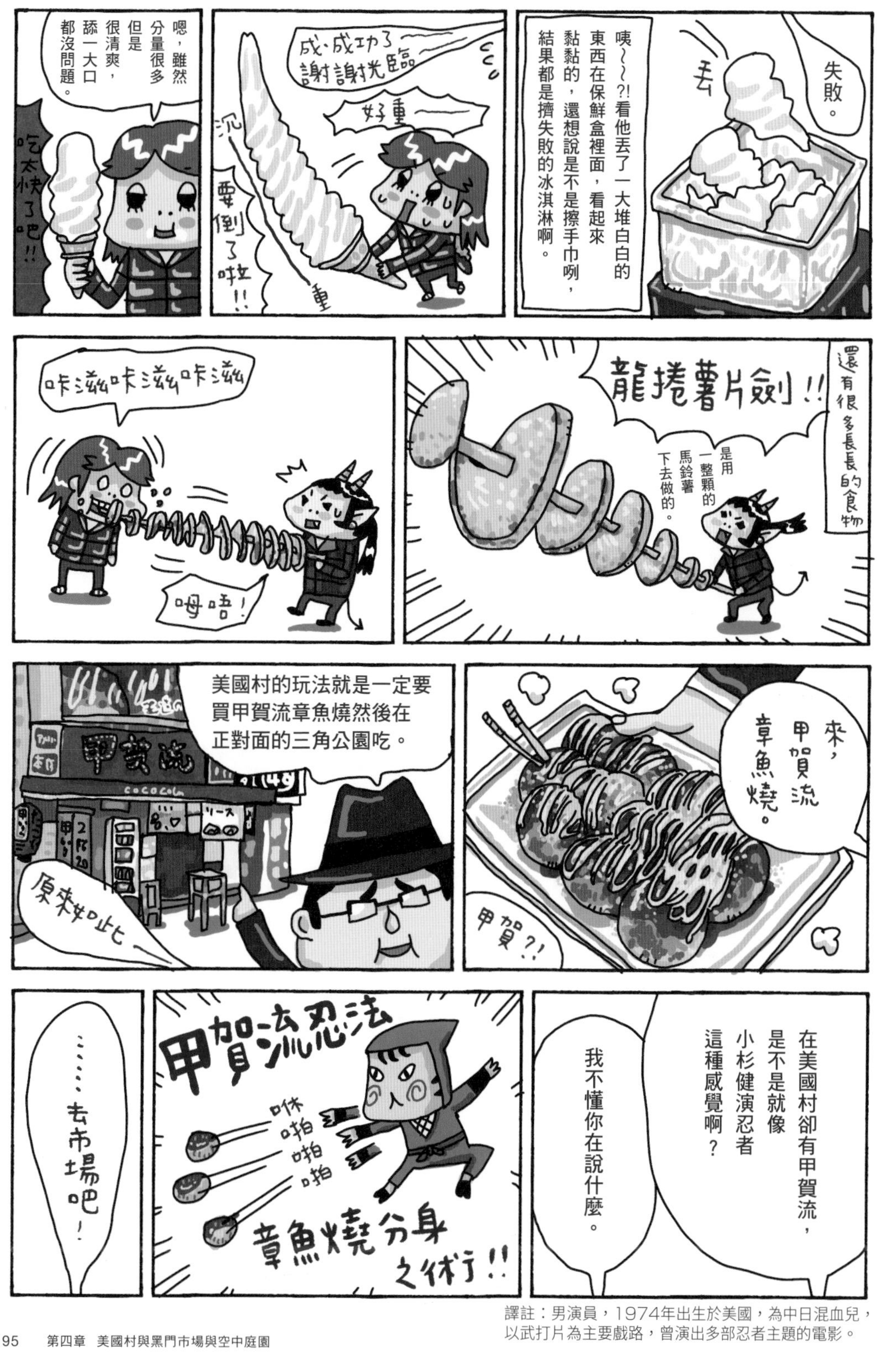

咦~~?!看他丟了一大堆白白的東西在保鮮盒裡面，看起來黏黏的，還想說是不是擦手巾咧，結果都是擠失敗的冰淇淋啊。
丟
失敗。
成、成功了~
謝謝光臨
好重~
要倒了啦!!
沉
重
嗯，雖然分量很多但是很清爽，舔一大口都沒問題。
吃太快了吧!!
還有很多長長的食物
龍捲薯片劍!!
是用一整顆的馬鈴薯下去做的。
咔滋咔滋咔滋
姆唔!
來，甲賀流章魚燒。
甲賀?!
美國村的玩法就是一定要買甲賀流章魚燒然後在正對面的三角公園吃。
原來如此
甲賀流
在美國村卻有甲賀流，是不是就像小杉健演忍者這種感覺啊？
我不懂你在說什麼。
甲賀流忍法
咻
啪
啪
啪
章魚燒分身之術!!
……去市場吧!

譯註：男演員，1974年出生於美國，為中日混血兒，以武打片為主要戲路，曾演出多部忍者主題的電影。

譯註：松崎茂是日本男歌手、演員。黝黑的膚色是其註冊商標，家喻戶曉的程度甚至連日本紀念日協會都將九月六日（諧音近黑色）訂為松崎茂之日。

黑門市場的入口是也ー
黑門市場
也沒他講的那麼黑嘛，我想像中應該是更接近松崎茂的膚色啊。
你可不可以把頭切開讓我看一下裡面長怎樣？
黑門市場
俗稱「大阪的廚房」
魚鮮、水果、乾貨等一應俱全的大市場。與其說這只是一個熱鬧的批發市場，倒更像是一個大型的商店街？這裡有很多賣吃的店，還有可以讓人邊走邊吃的串燒店等等，遍布在拱廊的兩側。因為氣氛很像美食街，所以有很多外國的觀光客們邊吃美食邊逛街。
人超多。
天花板上面有鮪魚～～
也有其他像是鯛魚啦、章魚啦、蝦子等等唷。
是螃蟹～～
是螃蟹～～
是蘆筍～～
Great蘆筍～～
(福田)
G蘆筍
(2本入)
350
是綠蘆筍吧!!
嗯唔，根據金子我的調查，這裡呢……（片假名太難閱讀了以下我來翻譯）
這個市場中有很多可以輕鬆拿在手上邊走邊吃的美食。大家必吃的有一道是炸彈內臟料理？真不知道到底是什麼啊……
還有另一道也很驚人，好像是可以連殼整個吃下去的螃蟹做的漢堡呢。
金子筆記

譯註：原文漫畫中金子小姐的台詞是以片假名寫成。

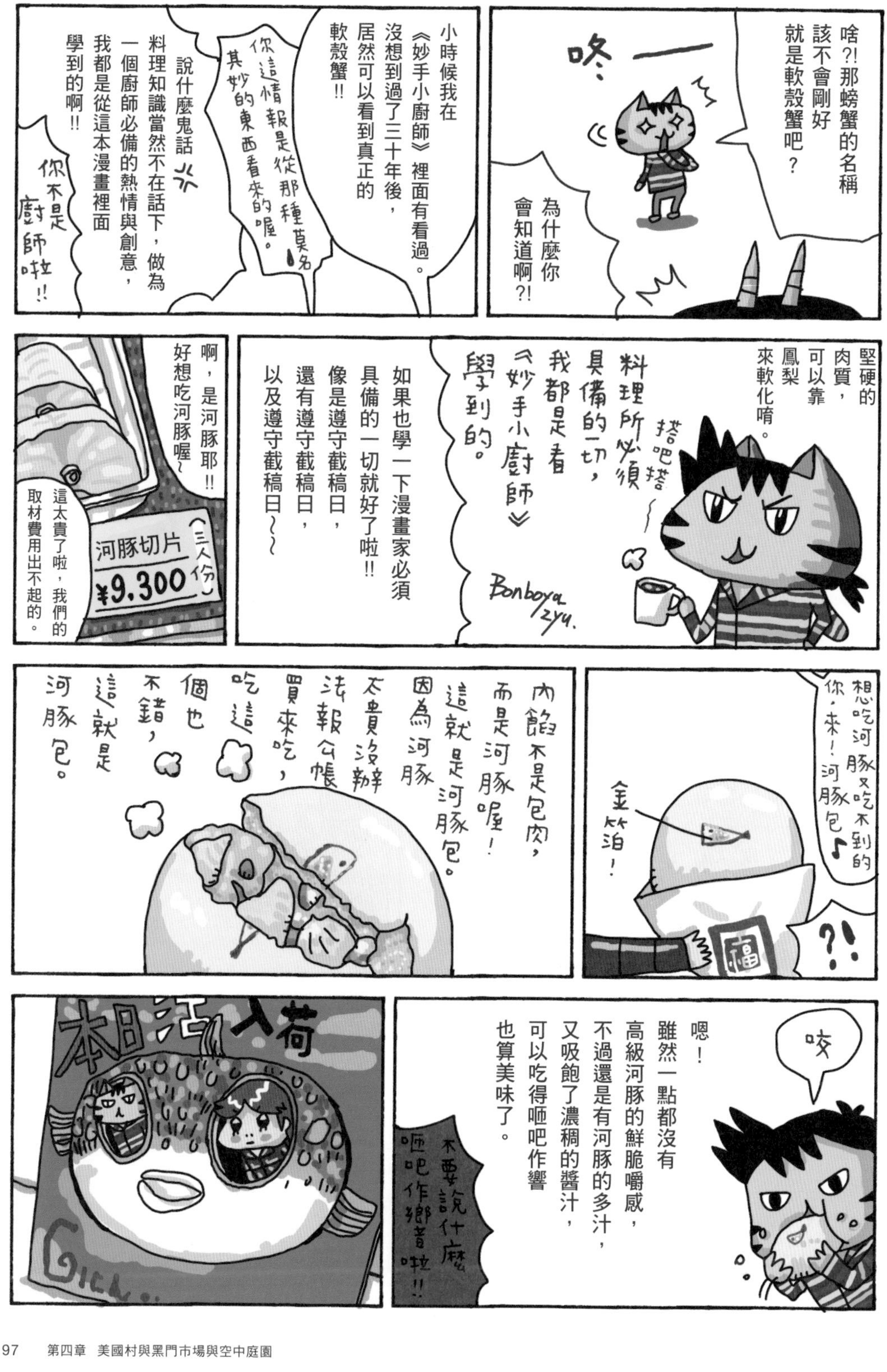

啥?!那螃蟹的名稱
該不會剛好
就是軟殼蟹吧?
咚—
為什麼你
會知道啊?!
小時候我在
《妙手小廚師》裡面有看過。
沒想到過了三十年後,
居然可以看到真正的
軟殼蟹!!
你這情報是從那種莫名其妙的東西看來的喔。
說什麼鬼話
料理知識當然不在話下,做為
一個廚師必備的熱情與創意,
我都是從這本漫畫裡面
學到的啊!!
你不是廚師啦!!
堅硬的
肉質,
可以靠
鳳梨
來軟化唷。
料理所必須具備的一切,我都是看《妙手小廚師》學到的。
搭吧搭
Bonboya zyu.
如果也學一下漫畫家必須
具備的一切就好了啦!!
像是遵守截稿日,
還有遵守截稿日,
以及遵守截稿日~~
啊,是河豚耶!!
好想吃河豚喔~
河豚切片
(三人份)
¥9,300
這太貴了啦,我們的
取材費用出不起的。
想吃河豚又吃不到的
你,來!河豚包♪
金箔!
?!
福
內餡不是包肉,
而是河豚喔!
這就是河豚包。
因為河豚
太貴沒辦
法報公帳
買來吃,
吃這
個也
不錯,
這就是
河豚包。
咬
嗯!
雖然一點都沒有
高級河豚的鮮脆嚼感,
不過還是有河豚的多汁,
又吸飽了濃稠的醬汁,
可以吃得咂吧作響
也算美味了。
不要說什麼
咂吧作響啦!!
本日活入荷

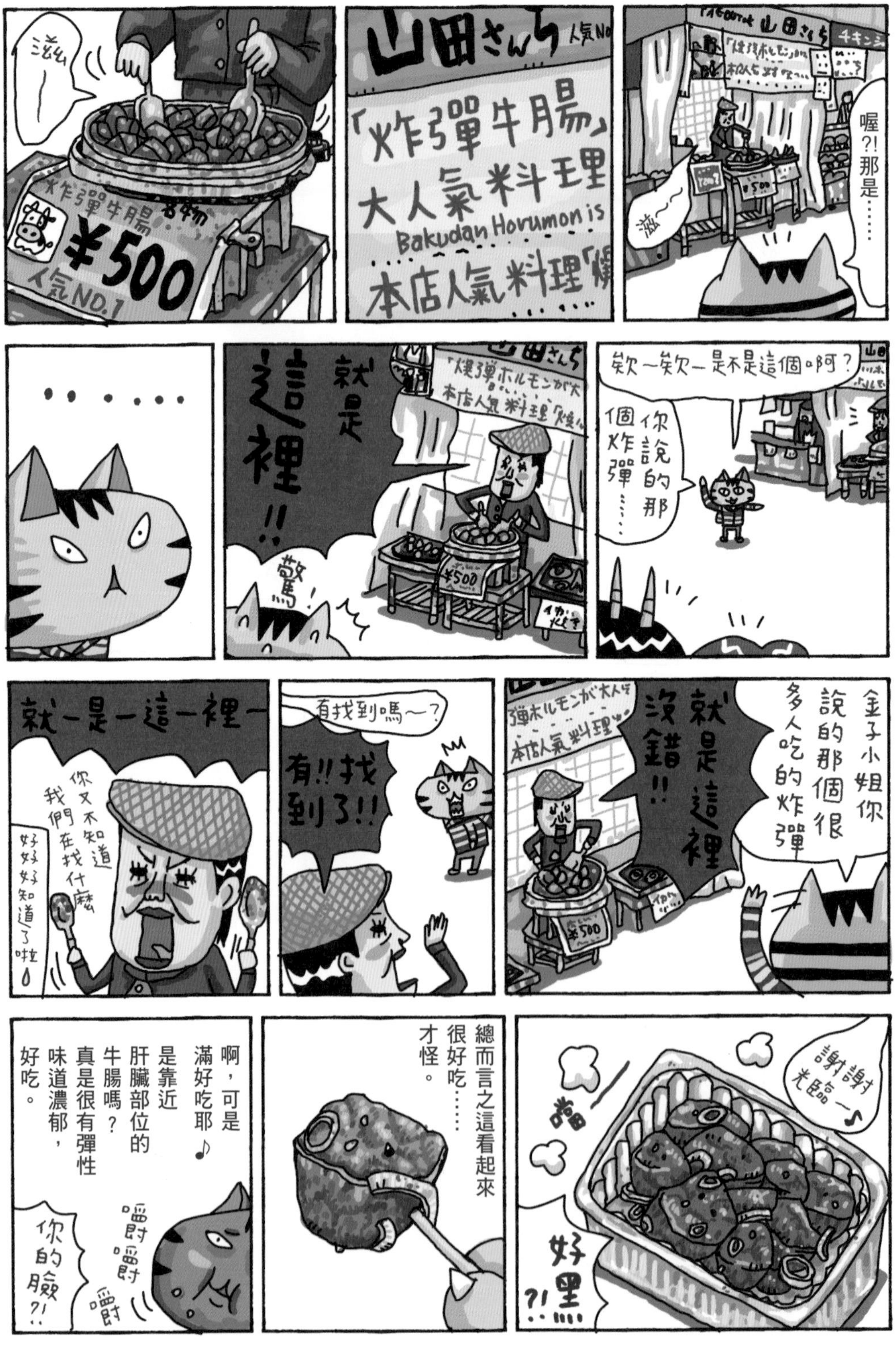

滋—
山田さんち
人気No
「炸彈牛腸」
大人氣料理
Bakudan Horumon is
本店人氣料理「爆
炸彈牛腸
¥500
人気NO.1
滋～～
喔?!那是……
……
就是這裡!!
驚!
欸—欸—是不是這個啊?
你說的那個炸彈……
就—是—這—裡—
你又不知道我們在找什麼
好好好知道了啦
有找到嗎～?
有!!找到了!!
金子小姐你說的那個很多人吃的炸彈
就是這裡沒錯!!
啊,可是滿好吃耶♪
是靠近肝臟部位的牛腸嗎?真是很有彈性味道濃郁,好吃。
嚼嚼嚼
你的臉?!
總而言之這看起來很好吃……才怪。
謝謝光臨—♪
嚼—
好黑?!

看起來感覺像普通的螃蟹就是了……
ソフトシェルクラブ
漢堡
炸軟殼蟹
バーガー¥880
¥750
哇——真的耶～
我找到軟殼蟹了!!
欸，有夠忙耶
應該很常被戳吧……（汗）嗯～不過聽說殼很軟的話，就會很想摸摸看啊……
DON'T TOUCH!!
請勿觸碰!!
我懂這種心情……
DON'T TOUCH!!
請勿觸碰!!
真的很軟嗎？好在意喔……
嗯？
我要連殼一起享用啦!!
咔滋咔滋咔滋咔滋咔滋
好狂野的吃相——!!
噹噹——
軟殼蟹
生菜
醬
點餐後在店裡現炸喔！
滋滋——
吃個精光
好好吃啊～!!
嗚——味王大人射出美味光線啦～!!
發光——
唔?!這就是將軟殼蟹整隻下去油炸後，完全被激發出來的蟹殼香味嗎？再加上淋在炸物上的這個塔塔醬的酸味真是絕妙的重點啊。這酸味究竟是來自哪裡……什麼?!是柴漬醬菜!!這塔塔醬裡拌入了切碎的柴漬醬菜啊!!真是好工夫!!
啊，味王大人出現了。

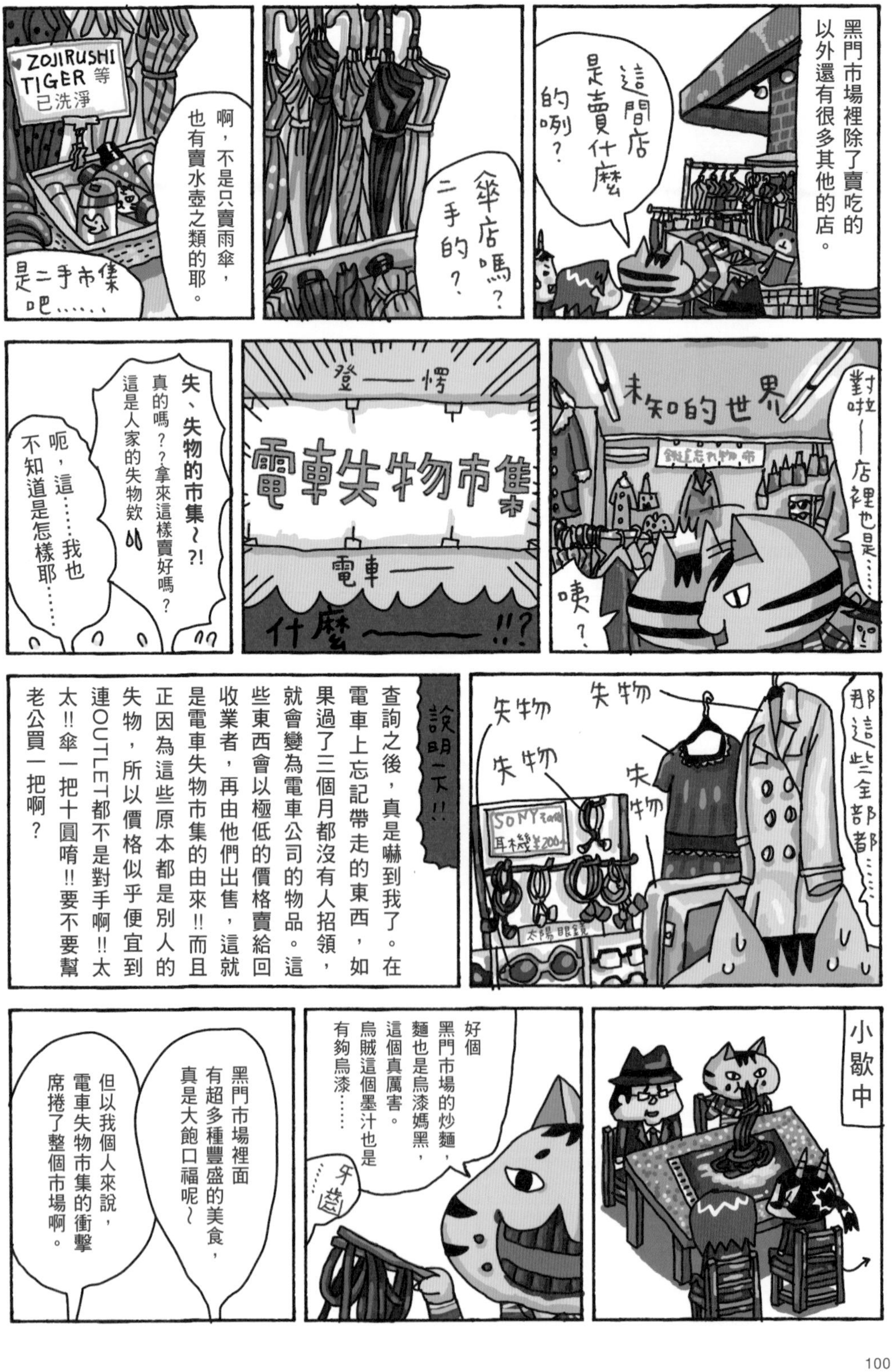

黑門市場裡除了賣吃的以外還有很多其他的店。
這間店是賣什麼的咧？
傘店嗎？二手的？
ZOJIRUSHI TIGER 等 已洗淨
啊，不是只賣雨傘，也有賣水壺之類的耶。
是二手市集吧……
對啦——店裡也是……
未知的世界
咦？
登——愣
電車失物市集
電車——
什麼——!!？
失、失物的市集～?!
真的嗎？？拿來這樣賣好嗎？這是人家的失物欸
呃，這……我也不知道是怎樣耶……
那這些全部都……
失物
失物
失物
失物
耳機¥200
太陽眼鏡
說明一下!!
查詢之後，真是嚇到我了。在電車上忘記帶走的東西，如果過了三個月都沒有人招領，就會變為電車公司的物品。這些東西會以極低的價格賣給回收業者，再由他們出售，這就是電車失物市集的由來!!而且正因為這些原本都是別人的失物，所以價格似乎便宜到連OUTLET都不是對手啊!!太太!!傘一把十圓唷!!要不要幫老公買一把啊？
小歇中
好個黑門市場的炒麵，麵也是烏漆媽黑，這個真厲害。烏賊這個墨汁也是有夠烏漆……
……牙齒
黑門市場裡面有超多種豐盛的美食，真是大飽口福呢～
但以我個人來說，電車失物市集的衝擊席捲了整個市場啊。

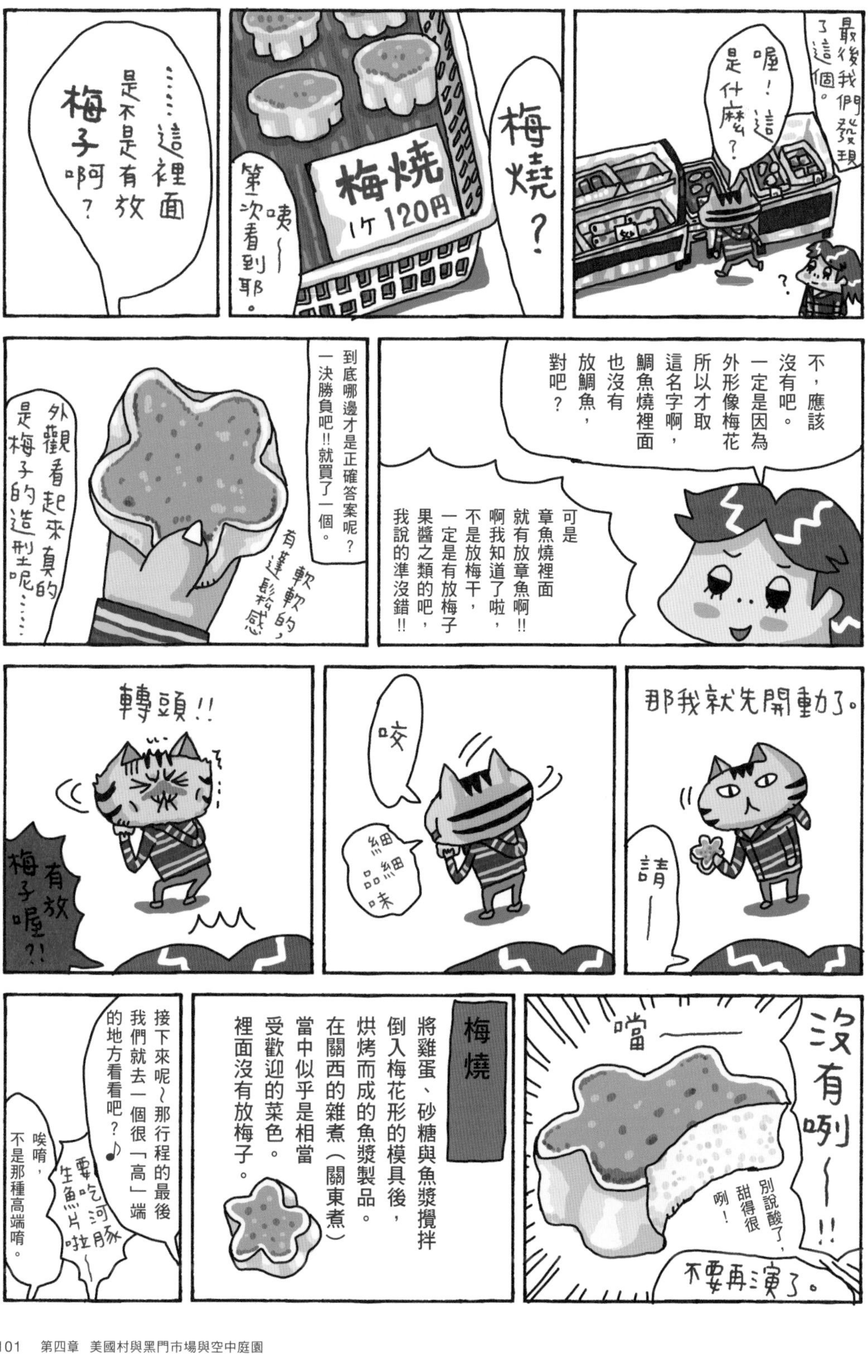
最後我們發現了這個。
喔！這是什麼？
梅燒？
梅焼
1个120円
咦～第一次看到耶。
……這裡面是不是有放梅子啊？
不，應該沒有吧。一定是因為外形像梅花所以才取這名字啊，鯛魚燒裡面也沒有放鯛魚，對吧？
可是章魚燒裡面就有放章魚啊!!
啊我知道了啦，不是放梅干，一定是有放梅子果醬之類的吧，我說的準沒錯!!
到底哪邊才是正確答案呢？一決勝負吧!!就買了一個。
軟軟的，有蓬鬆感
外觀看起來真的是梅子的造型呢……
那我就先開動了。
請—
咬
細細品味
轉頭!!
有放梅子喔?!
沒有咧～!!
噹——
別說酸了，甜得很咧！
不要再演了。
梅燒
將雞蛋、砂糖與魚漿攪拌倒入梅花形的模具後，烘烤而成的魚漿製品。在關西的雜煮（關東煮）當中似乎是相當受歡迎的菜色。裡面沒有放梅子。
接下來呢～那行程的最後我們就去一個很「高」端的地方看看吧？♪
要吃河豚生魚片啦～
唉唷，不是那種高端唷。

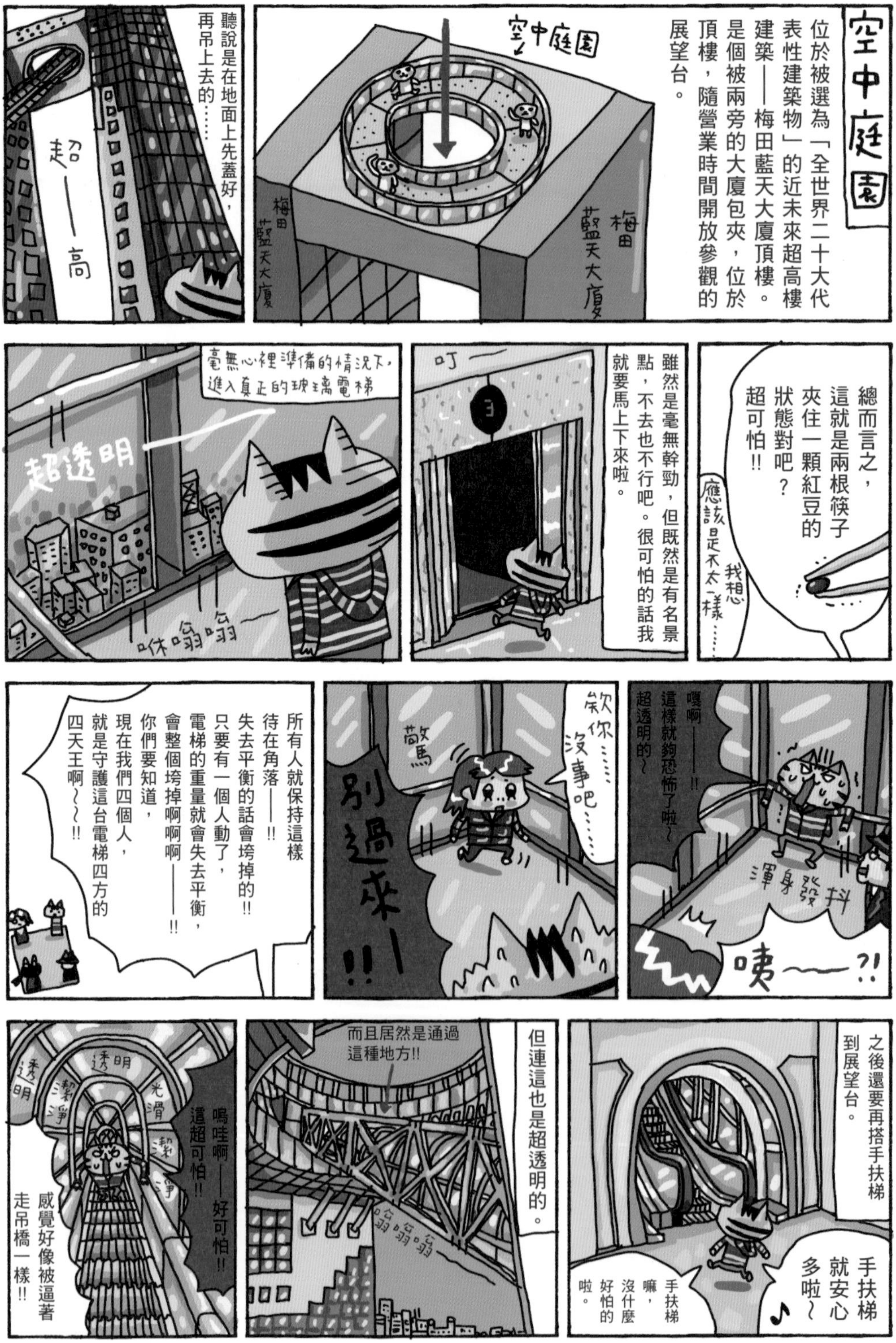
空中庭園
位於被選為「全世界二十大代表性建築物」的近未來超高樓建築——梅田藍天大廈頂樓。是個被兩旁的大廈包夾，位於頂樓，隨營業時間開放參觀的展望台。
空中庭園
梅田藍天大廈
梅田藍天大廈
聽說是在地面上先蓋好，再吊上去的……
超——高
總而言之，這就是兩根筷子夾住一顆紅豆的狀態對吧？超可怕!!
我想應該是不太一樣……
雖然是毫無幹勁，但既然是有名景點，不去也不行吧。很可怕的話我就要馬上下來啦。
叮——
毫無心裡準備的情況下，進入真正的玻璃電梯
超透明
咻嗡嗡——
嘎啊——!!
這樣就夠恐怖了啦~
超透明的~
渾身發抖
咦——?!
欸你……沒事吧……
驚
別過來——!!
所有人就保持這樣待在角落——!!
失去平衡的話會垮掉的!!
只要有一個人動了，電梯的重量就會失去平衡，會整個垮掉啊啊啊——!!
你們要知道，現在我們四個人，就是守護這台電梯四方的四天王啊~~!!
之後還要再搭手扶梯到展望台。
手扶梯就安心多啦~
手扶梯嘛，沒什麼好怕的啦。
但連這也是超透明的。
而且居然是通過這種地方!!
嗡嗡嗡
嗚哇啊——好可怕!!
這超可怕!!
透明
透明
光滑
潔淨
潔淨
感覺好像被逼著走吊橋一樣!!

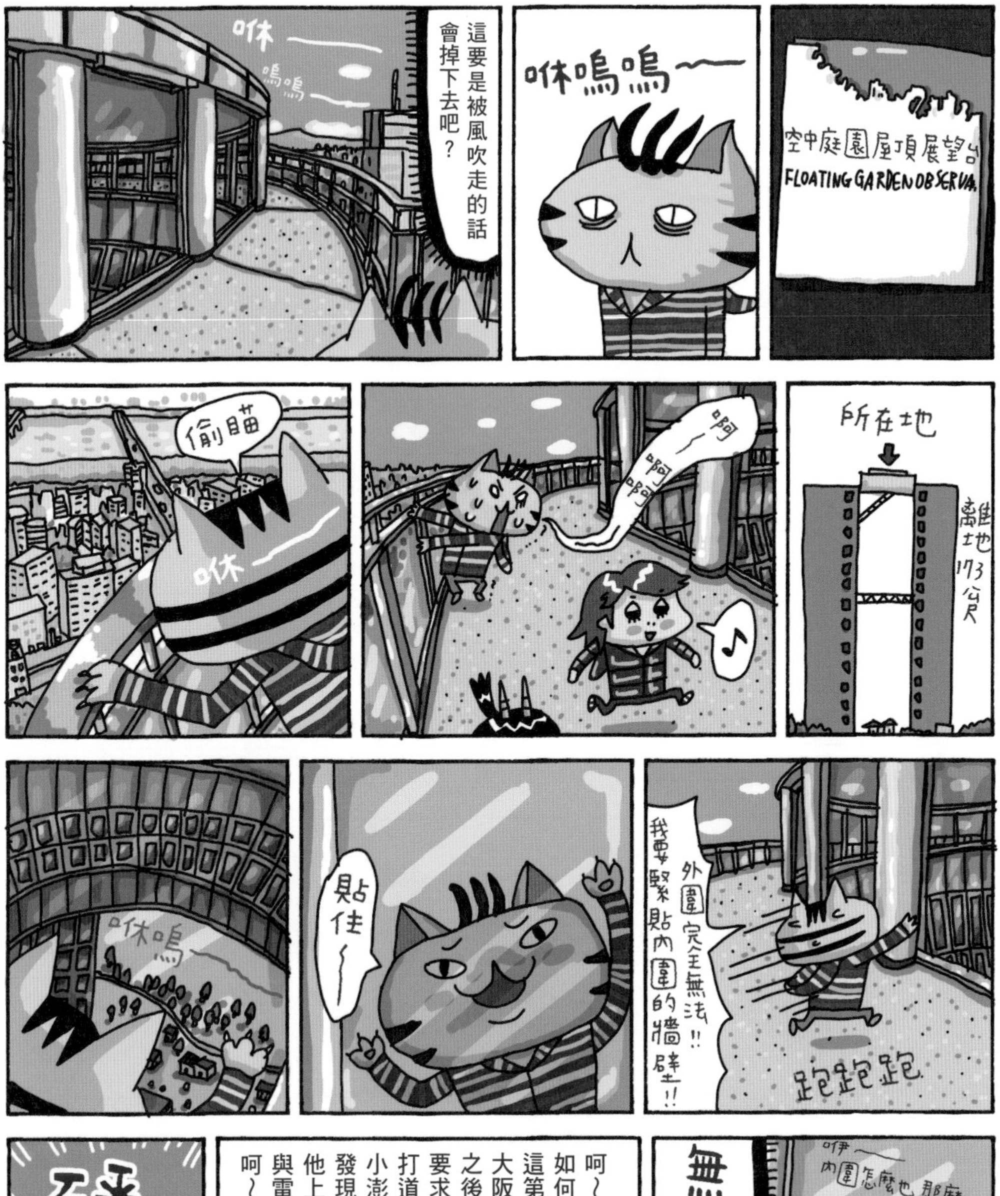

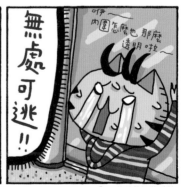

譯註：此處的齊藤先生化身為藤子不二雄（A）的漫畫作品《黑色推銷員》（或譯成《笑面推銷員》）的喪黑福造。「砰」為他的招牌手勢。

也看到了其他同類型的招牌

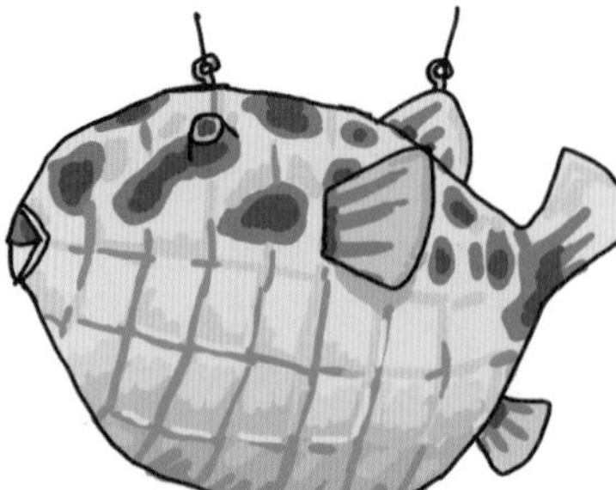

頗令人震撼。
站在正下方的話
好像快被壽司大力
壓扁似的。
八成是壽司店吧，
雖然我並不確定。
(如果店家掛著這種
招牌，卻沒有
賣壽司的話，
反過來說也很高招。)

河豚的招牌。
和ZUBORAYA那個不一樣
這隻身上的花紋栩栩如生(好像很毒)。
不過一定很安全的♪

木雕風格的烏龜，
附近也有一隻鶴。
烏龜的體積相當大，
所以我想不是真正的
木頭雕刻的，
但也很難說——
在各色招牌爭奇鬥豔
的大阪，這塊展現
質感的招牌反而
巧妙地變得相當醒目。

金龍啊!! 請讓截稿日延期吧——!!

金龍拉麵的招牌。
要是吃完七碗拉麵就可以實現任何一個願望的話
該有多好……可是七碗是真的太多了吧……
可是如果聽到「什麼願望都可以實現」的話，
也是會覺得好像可以奮力試試看啊……不對，
七碗是真的有點太多了吧～～可是機會難得……

也吃了其他的麵點料理

麵點就是以小麥粉
為主要原料所製作的
料理。
代表的章魚燒
或是什錦燒等等。

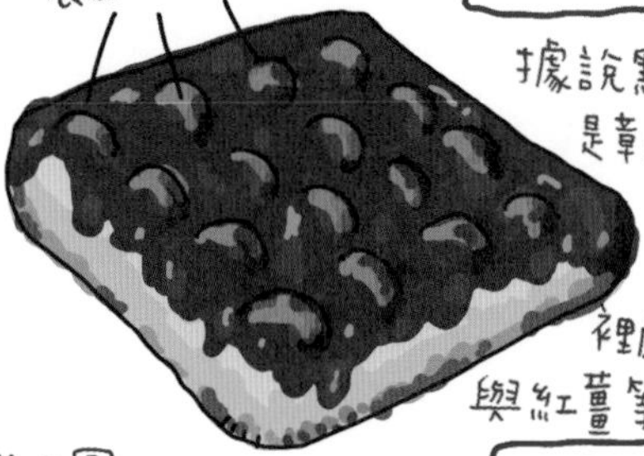

點點燒 141圓

據說點點燒這種食物
是章魚燒的始祖。雖然有
凸起的部分，不過並沒
有切開，而是整塊食用。
裡面不只有放章魚，還有蒟蒻
與紅薑等等。

高麗菜燒 140圓

像是沒有放肉的什錦燒？
雖然是簡單的料理，
甘甜的高麗菜卻相當美味。

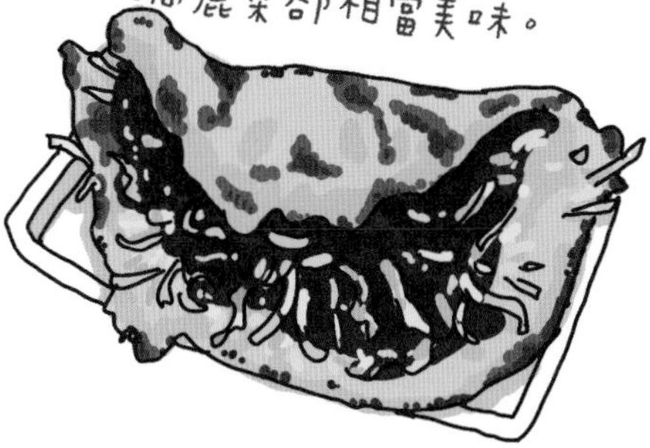

烏賊燒 152圓

阪神百貨的名產。總是大排長龍。
裡面放的烏賊並不是整塊整塊的，
外形看起來雖然簡單
不過口感很有彈性，
好吃。

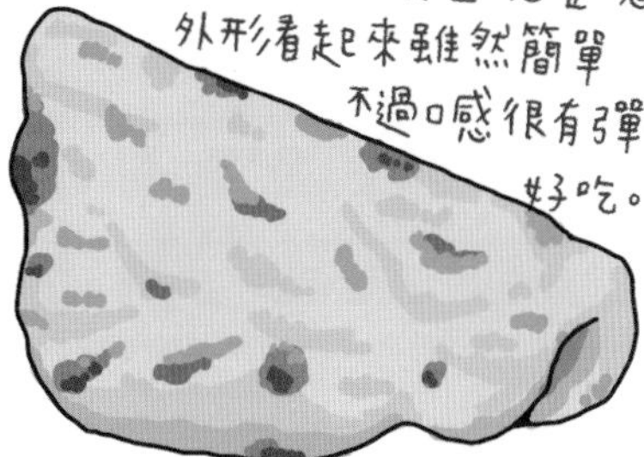

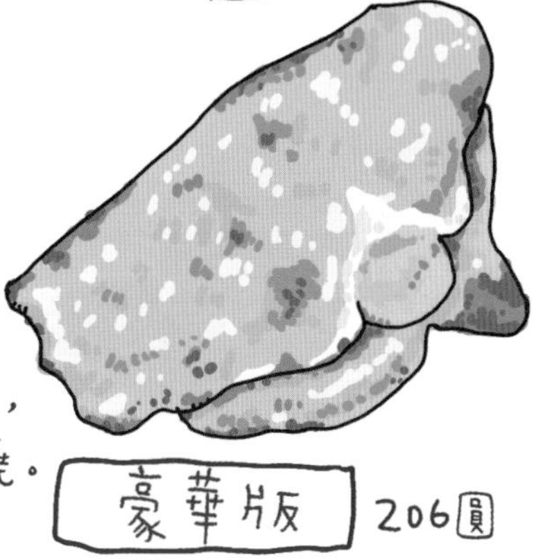

鰻魚燒

在黑門市場吃到的。
如同名稱所示，就是把章魚換成鰻魚
的章魚燒，不是啦，
是鰻魚燒。

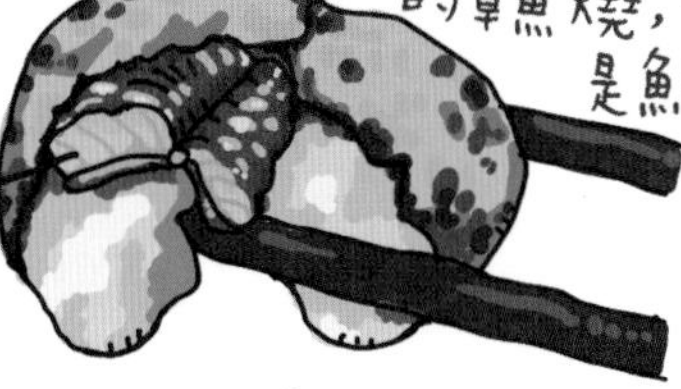

豪華版 206圓

同樣位於阪神百貨。
花枝燒加上雞蛋的版本。
名字據說就是豪華版本。

The Photo Gallery

梅田藍天大廈那種未來感怎麼形容呢，真的好帥。往屋頂的空中庭園時搭乘透明的手扶梯也好好玩。很意外地，是小澎自己說出了「走吧！」在屋頂還繞完了一整圈，真的很努力呢。

黑門市場的外國觀光客很多所以非常熱鬧，這氣氛壓倒了我們一行人。

今天也一直搭地鐵移動。

早餐在喫茶店吃。大阪有好多超棒的復古喫茶店，路過就好想進去坐一下喔。

在美國村吃了很多長長的食物，在黑門市場大買大吃了螃蟹和河豚包之類的。回程在梅田買了伴手禮，又吃了烏賊燒和收音機燒、喝了綜合果汁，搭新幹線的時候再吃了便當和甜點……每次取材體重當然也就隨之增加啦……

酷熱與太郎與萬博

第五章

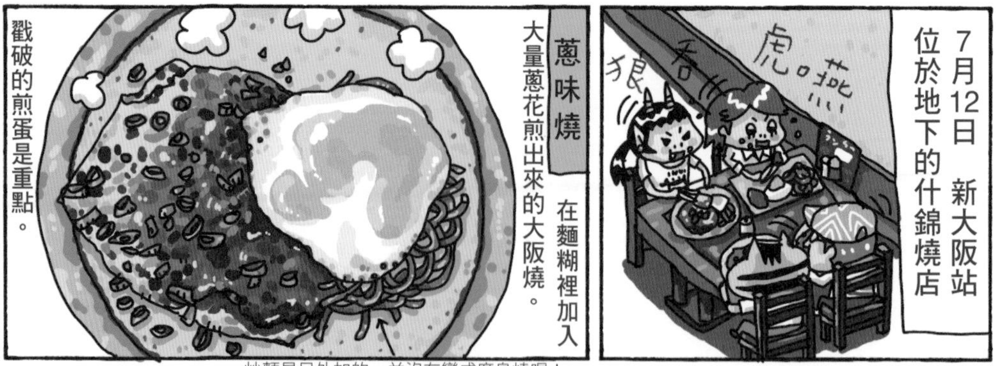
7月12日 新大阪站
位於地下的什錦燒店
蔥味燒
在麵糊裡加入大量蔥花煎出來的大阪燒。
戳破的煎蛋是重點。

炒麵是另外加的，並沒有變成廣島燒喔！

是的，各位好啊～我們又來了，這次是第三次來大阪，也是最後一次取材，大家一起加油吧。請多指教。
這次好像又會下雨耶，總編，沒問題吧？
沒問題沒問題♪
我到哪都會放晴。

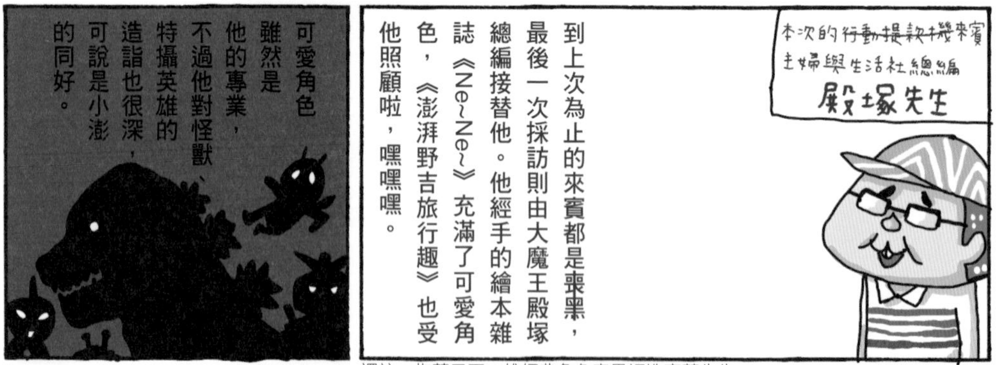
本次的行動提款機來賓
主婦與生活社總編
殿塚先生
到上次為止的來賓都是喪黑，最後一次採訪則由大魔王殿塚總編接替他。他經手的繪本雜誌《Ne~Ne~》充滿了可愛角色，《澎湃野吉旅行趣》也受他照顧啦，嘿嘿嘿。
可愛角色雖然是他的專業，不過他對怪獸、特攝英雄的造詣也很深，可說是小澎的同好。

譯註：指藤子不二雄經典角色喪黑福造齋藤先生。

不過，也許是有個夠宅的接收者這點，讓小澎食髓知味了吧？隨著新書越出越多，我們家的作者使用的動畫、特攝哏也不斷增加……
呃，這裡的碧奧蘭蒂是什麼？讀者看得懂嗎……
噗哈
咦——你連那個都不知道嗎？
聯邦的白色惡魔是什麼？？
這些東西，絕對都知道啦!! 殿塚先生
還有藤岡弘、這段很難懂，可不可以請你改一下……
沒關係，殿塚先生會懂的。
能不能畫
讀者會懂的啦？

譯註：藤岡弘、日本男演員，藝名中本來就有一個頓號。1971年日本知名特攝影集假面騎士開播，藤岡弘、飾演主角本鄉猛，因此一躍成為知名男星。

小澎 要去看太陽之塔嗎？
太陽之塔？啊，那個啊，我去親戚家看到的那個，跟芥子娃娃和熊的木雕擺在一起……
那個
啊——太陽之塔就是那個吧，形狀很像金剛戰神的角的那個。
金剛戰神是啥啊？
你不知道金剛戰神喔？那可是在法國創下收視率100％紀錄的動畫耶!!你說是吧，殿塚先生♪
大阪萬博
受費加星人侵略的狄克・弗利特王子逃往地球，搭上弗利特星的守護神「金剛戰神」保衛他的第二故鄉，也就是地球，啊，我說錯了。大阪萬博是日本萬國博覽會的通稱，一九七〇年於大阪舉辦。來自全世界的七十七個國家共襄盛舉，以人類的進步與和諧為主題，發表未來科技產品（包含「連這也算喔」的東西），阿波羅十二號帶回來的月球石頭也有展出，據說民眾蜂擁而至，非常不得了。太陽之塔則是大阪萬博的象徵，由岡本太郎製作。
喔— 真是厲害的活動呢！（語氣平靜）
當時還沒出生，不了解情況。
別挖鼻孔啦！
我跟你一樣當時還沒出生，不過聽說那活動引起了旋風喔。
啊，我屬於「不屑什麼旋風」派喔。
都四十三歲了，別裝草莓族啦。
四季當中我也只喜歡舒適的春天和秋天，夏天和冬天根本沒存在必要。另外我還屬於「不想離開房間派」。
拜託拿出幹勁——炒熱旅行的氣氛——
總編，感謝您請客!!
喔，好好好。
感謝!!
那麼就以太陽之塔為目標吧，Let's go—
移動路線
新大阪
電車
千里中央
單軌電車
萬博紀念公園站
欸欸欸，單軌電車意外地晃呀，也沒什麼浮在空中的感覺……
你是不是跟超電導浮軌列車搞混了？
空隆空隆

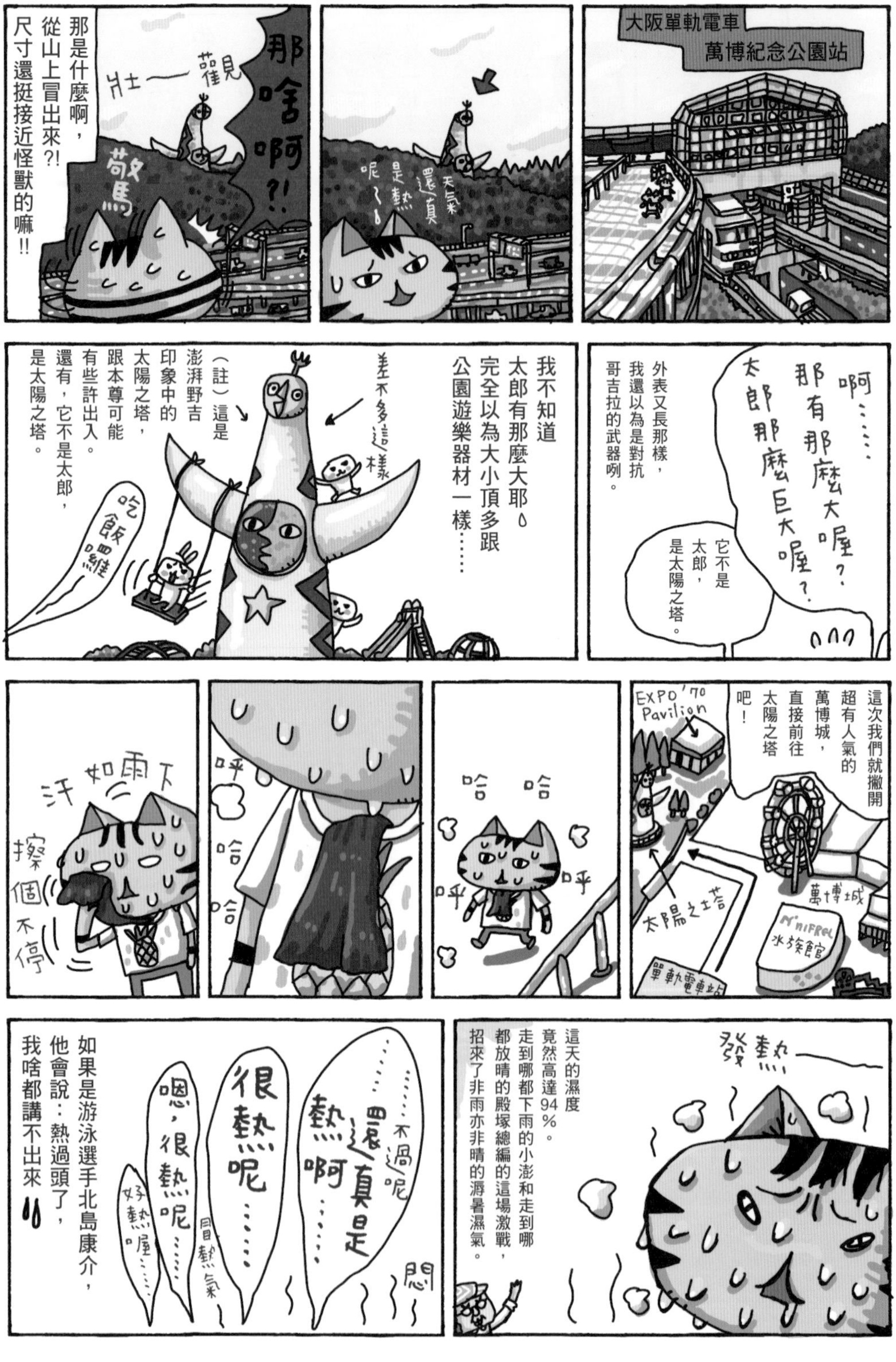
大阪單軌電車
萬博紀念公園站
天氣還真是熱呢～
那啥啊?!
壯一觀
驚
那是什麼啊，從山上冒出來?! 尺寸還挺接近怪獸的嘛!!
啊……那有那麼大喔？太郎那麼巨大喔？
外表又長那樣，我還以為是對抗哥吉拉的武器咧。
它不是太郎，是太陽之塔。
我不知道太郎有那麼大耶。完全以為大小頂多跟公園遊樂器材一樣……
差不多這樣
（註）這是澎湃野吉印象中的太陽之塔，跟本尊可能有些許出入。還有，它不是太郎，是太陽之塔。
吃飯囉
這次我們就撇開超有人氣的萬博城，直接前往太陽之塔吧！
EXPO'70 Pavilion
萬博城
太陽之塔
NIFREL 水族館
單軌電車站
哈 哈
呼 呼
呼
哈
哈
汗如雨下
擦個不停
發熱
這天的濕度竟然高達94%。走到哪都下雨的小澎和走到哪都放晴的殿塚總編的這場激戰，招來了非雨亦非晴的溽暑濕氣。
……不過呢 還真是熱啊……
很熱呢……
嗯，很熱呢……
好熱喔……
冒熱氣
悶
如果是游泳選手北島康介，他會說：熱過頭了，我啥都講不出來

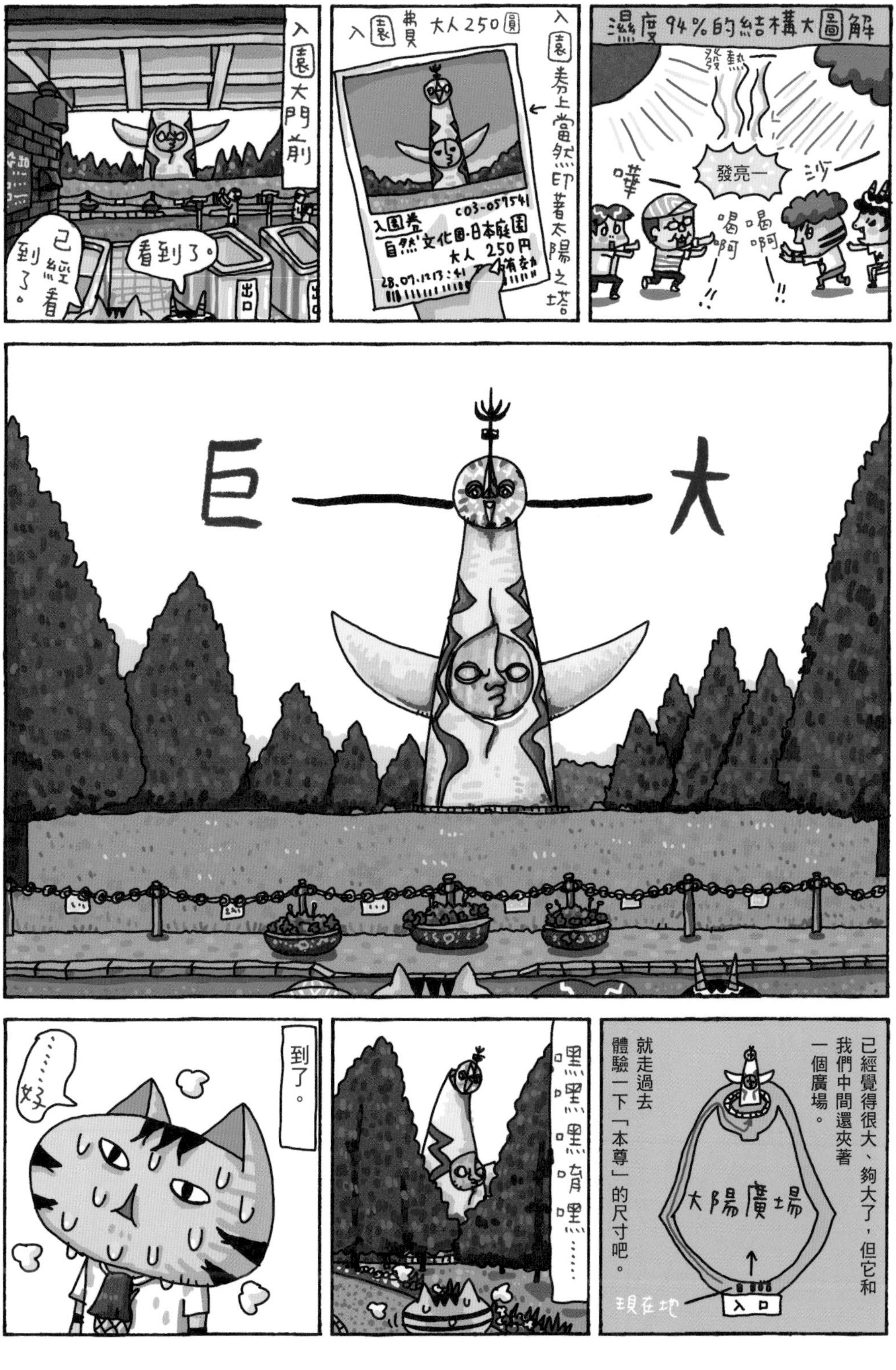
入園大門前
看到了。
已經看到了。
入園費 大人250圓
入園券上當然印著太陽之塔
C03-057541
入園券
自然文化園·日本庭園
大人 250円
28.07.12 13:41
有効
濕度94%的結構大圖解
發熱—
發亮—
嘩—
沙—
喝啊!!
喝啊!!
巨—大
到了。
……好
嘿嘿嘿嘿嘿嘿嘿……
已經覺得很大、夠大了，但它和我們中間還夾著一個廣場。
就走過去體驗一下「本尊」的尺寸吧。
太陽廣場
入口
現在地

好大!!
這是最上面的鳥臉？不對，是面具吧，是金色，亮晶晶的。
避雷針
眼睛裝有探照燈
這是大家熟悉的主要面孔？真有威嚴啊——
嘟著嘴呢——
與其他知名機器人的尺寸比較圖
太陽之塔
70公尺
自由女神
46公尺
聯邦的白色惡魔
18公尺

不過真的有夠熱！總覺得連聽到太陽之塔這名字都不爽了，太陽我恨你！
陽光STOP!!
呼 呼 哈
哈
變形
融成一團~
不行了，熱到不成原形了，真不好意思，讓我們暫時以凝膠狀的身體旅行吧。還請見諒，真的好熱喔~
融化— 黏答答~ 黏糊糊—
啊!!
怎麼了?!
驚
這模樣……畫起來超輕鬆!!
軟——爛
臉歪掉也沒關係，衣服也不用畫，超級輕鬆♪
我想也是。
真棒耶~零負擔~幹得好啊~啦~啦啦啦
雖然提不起勁，但機會難得還是繞個一圈吧。背後長什麼樣子呢？我來看看……
爬行~爬行~
住手啊
瞄瞄—
哇，這傢伙的背後也有臉!!

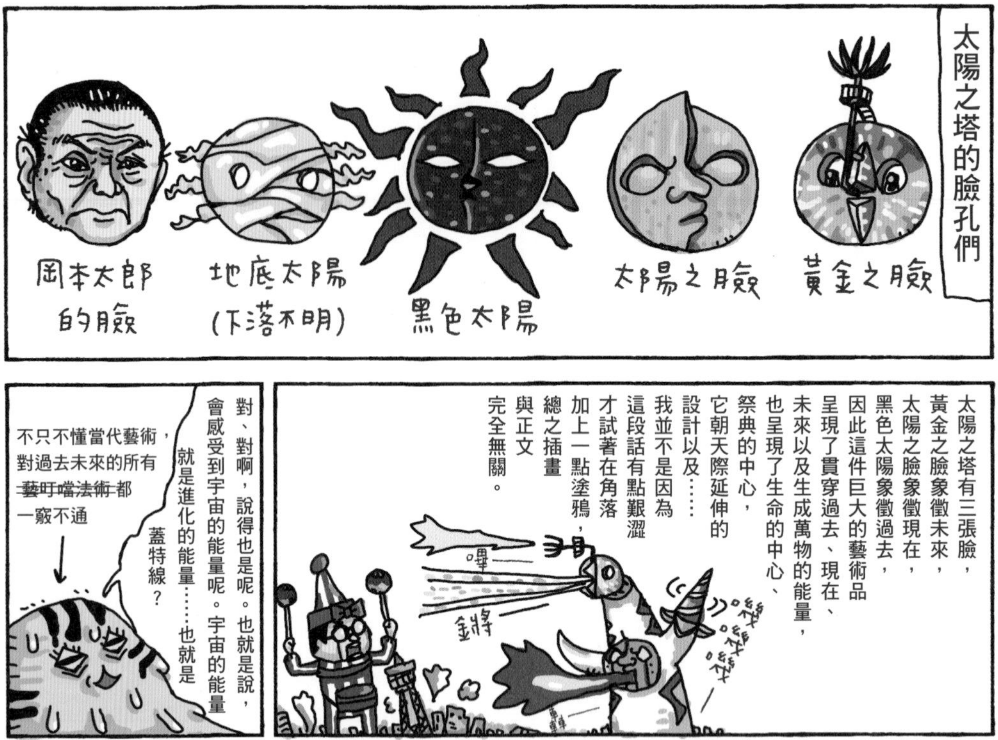
太陽之塔的臉孔們
岡本太郎的臉
地底太陽(下落不明)
黑色太陽
太陽之臉
黃金之臉
太陽之塔有三張臉，黃金之臉象徵未來，太陽之臉象徵現在，黑色太陽象徵過去，因此這件巨大的藝術品呈現了貫穿過去、現在、未來以及生成萬物的能量，也呈現了生命的中心、祭典的中心，它朝天際延伸的設計以及……
我並不是因為這段話有點艱澀才試著在角落加上一點塗鴉，總之插畫與正文完全無關。
對、對啊，說得也是呢。也就是說，會感受到宇宙的能量呢。宇宙的能量就是進化的能量……也就是
蓋特線？
不只不懂當代藝術，對過去未來的所有~~藝盯噹法術~~都一竅不通

譯註：原文是小澎的同音哏。

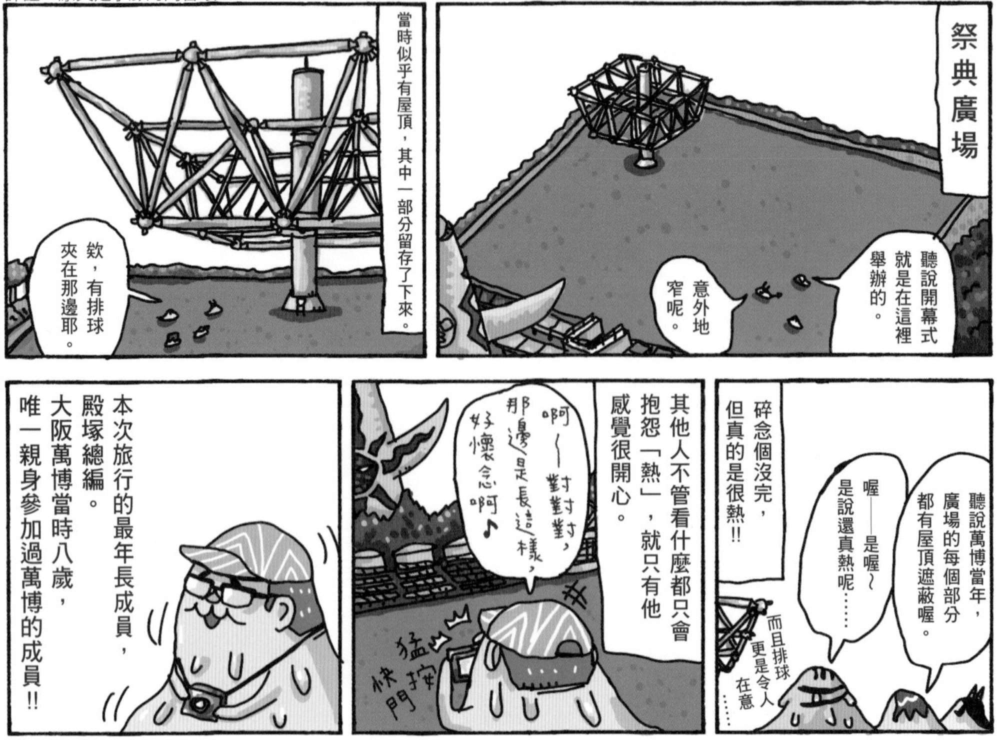
祭典廣場
聽說開幕式就是在這裡舉辦的。
意外地窄呢。
當時似乎有屋頂，其中一部分留存了下來。
欸，有排球夾在那邊耶。
聽說萬博當年，廣場的每個部分都有屋頂遮蔽喔。
喔——是喔～是說還真熱呢……
碎念個沒完，但真的是很熱!!
而且排球更是令人在意……
其他人不管看什麼都只會抱怨「熱」，就只有他感覺很開心。
啊～對對對，那邊是長這樣，好懷念啊♪
猛按快門
本次旅行的最年長成員，殿塚總編。大阪萬博當時八歲，唯一親身參加過萬博的成員!!

我爸平常不愛出門，卻帶我們過來，有夠難得。美國館的人龍超誇張根本進不去，所以我們去了象牙海岸館之類的地方，也玩得很開心喔♪
象牙什麼？
八歲的事還記得那麼清楚啊，一定是因為玩得很開心吧。我連今天早上吃什麼都不記得了。
不過我們已經不行了，真的不行了——撤退到喫茶店去～～！
喝涼的～～ 冷咖～ 冷咖～ Please
救命啊～

冷咖指的是冰咖啡。

漂浮咖啡
冰冰的喔
透心涼喔
嚼嚼 嚼嚼
鏘將 復活!!
冷……冷氣萬歲。當現代人真是太好了。
一直待在這裡也沒差吧。
涼——
涼～
完全沒人～ 包場～～♪
好啦，接下來要怎麼辦呢？要在公園閒晃，還是要去展示大阪萬博資料、照片、影片的EXPO'70 Pavilion呢？
我對萬博沒那麼感興趣……不過算了，就去那吧？
在室內就是好啊，光是室內這點就夠讚了。
話說回來……
靜——
都沒人呢。是因為熱？還是因為平日？
大家果然都去新蓋好的萬博城了吧～？
我們剛剛也選那邊會不會比較好？
有日本第一巨大的摩天輪喔！♪
我才不要
好——我們已經冷到透心涼，再出去奮鬥一下吧♪
呋恰
融——化♪
不行啦～ 果然一出來就不行了～好熱～

公園內散布著各種裝置藝術。
嗯?、那是啥?

衣索比亞館
ETHIOPIA
衣索比亞館?
當時這條路的兩旁蓋了一長排展館，看到石碑記得確認它當年是什麼館喔♪
ETHIOPIA
衣索比亞館
大陸間
啊——這邊是展館的遺跡吧。
這是什麼館啊?
水管。
啥?
……
裝有止水栓的箱子，還連著幫花澆水用的管子或灑水器。
呃——
喔，發現了
♪
藝術真是個大渾蛋~~~。
咦?什麼意思?透過弧面觀看天空?
啥?
這樣?
扭~動
伸長~
天空
藝術家 菲利浦・金
（英國人1934~）
這件作品不應靜止在固定位置上觀賞，而是要透過有彈性的數個弧面觀看天空，感覺像溶解在空中一般……
…
魚嗎?

復古摩登風
大姐姐立牌
大阪萬博紀念館
EXPO'70
Pavilion
是這邊呢。
好——
總之八種全蓋吧。
咚!!
EXPO'70
パビリオ
Pavilion紀念章
萬博當時提供給
來館者的紀念章
當時留到現在的呢。
喔，發現紀念章
上吧，入場—
你好~
歡迎光臨
好!!完成了♪
咻!!
好——蓋得很完整。
該怎麼說呢……
有紀念章就會去蓋對吧~~
帶回家就會消失不見，
但還是會去蓋呢~~
蓋好就借我吧。
就會這樣呢~
啪
人類の進歩と調和
EXPO'70
日本万国博
哎唷，要先確認方向才行~
歪——了
啊。
人類の進歩と調和
EXPO'70
日本万国博
EXPO'70
人類の進歩と調和
JAPAN WORLD EXPOSITION
EXPO'70
テーマ館入場記念
EXPO'70
MONORAIL
万国博美術館
EXPO MUSEUM OF FINE ARTS
シンボルゾーン
EXPO'70
PROGRESS AND HARMONY FOR MANKIND
世界の知恵で未来を築く
エキスポ70
入場記念
EXPO'70
這就是萬博紀念章!!

主展場在二樓。
日本萬國博覽會
主題
「人類的進步與和諧」
由十八名文化人組成的「人類
本萬國博覽會的主題
為著眼，向更高境界的
一信念為基礎，
使對立的事物
呵呵，主題是人類的進步嗎……
一信念為基礎
原來如此啊——
對我真是
有幫助呢——
與文明的進步一同……
你絕對不是這樣想的吧!!
不過它說的進步是1970年的進步呀，以現在的眼光去看應該會覺得有缺憾不是嗎？現在已經是2016年了……所以是46年前喔?!
別說任天堂了，連Cassette Vision都沒有吧？那種時代談的進步……這樣講很對不起當時的人，但那種進步應該不怎麼樣吧？我家連腳踏車都是電動的了。
哎，也許是啦……
喔——會場的全景模型嗎？真細緻啊——
是剛剛經過的祭典廣場呢。
哇，當時有這麼大片的屋頂蓋住廣場啊——
嗯？
鐵—金—剛——!!
太陽之塔衝破屋頂了?!
當初並沒有計畫讓它凸出來，最早也根本沒拜託岡本太郎蓋什麼塔，（已經有座塔叫萬博塔了）不過岡本太郎似乎暴衝了。
完成了!!
70公尺的塔完成了——
藝術就是暴衝啊——♪
咦？我又沒有拜託你……
我好想做誇張的東西啊——!!
全長70公尺
我老爸
太—郎
衝破屋頂吧——
太郎跑錯棚了!!

而且當時岡本太郎徹底否定萬博的主題，一開始到底為什麼要找他呢……
就算他反對，這工作還是非他莫屬嗎？太郎也真是厲害呢。
人類才沒進步咧。不可能光憑ZAT就怪獸對打吧!!藝術就該追求究極的爆發力啊!!我要跟爸告狀喔!!
就說這個太郎跑錯棚了啦。
最後屋頂的設計師丹下健三讓步，在屋頂上開一個洞，讓爸爸之塔……不對，是讓太陽之塔轟一聲穿過去。
咻——
順帶一提，丹下健三是設計東京都廳等建築的大人物。
太棒了，真的可以嗎？丹下先生最棒了～
是啊，沒辦法了，你愛怎樣就怎樣吧。
聽說他們實際上扭打在一起，大吵了一架……
能培養冠軍的人就是肚量大，對吧小丈？
這個丹下也跑錯棚了啦—!!!
然後呢，主會場的入口不知怎麼地，紅得不得了。是因為太郎嗎？（哪一個太郎啦!!）
哇—好紅啊——怎麼像是修卡的大本營啊……
好紅!!
裡面也是紅的?!
這不尋常的氣氛是怎麼一回事……
太紅了吧。
那麼，參觀開始!!穿梭時空到1970年囉—
牆上有萬博當年的年表……
Chronicle
1969
伊奘諾景氣……
界第二名
猛烈風潮
為五郎系列風行
喵囉咩超受歡迎
1970
2月 日本
3月 日
3月 an
4月 阿波
5月 瀨戶內
嗯……我出生三年前啊。好厲害～～anan創刊耶!!
1970
淀號劫機事件
阿波羅13號爆炸事故導致
雜誌《anan》創刊
三島由紀夫政變失敗
切腹自殺
【物價】
起薪3萬6700
拉麵 150圓
啤酒一罐 140圓
計程車……
好驚人的時代呢……三島由紀夫和《anan》並列在一起……

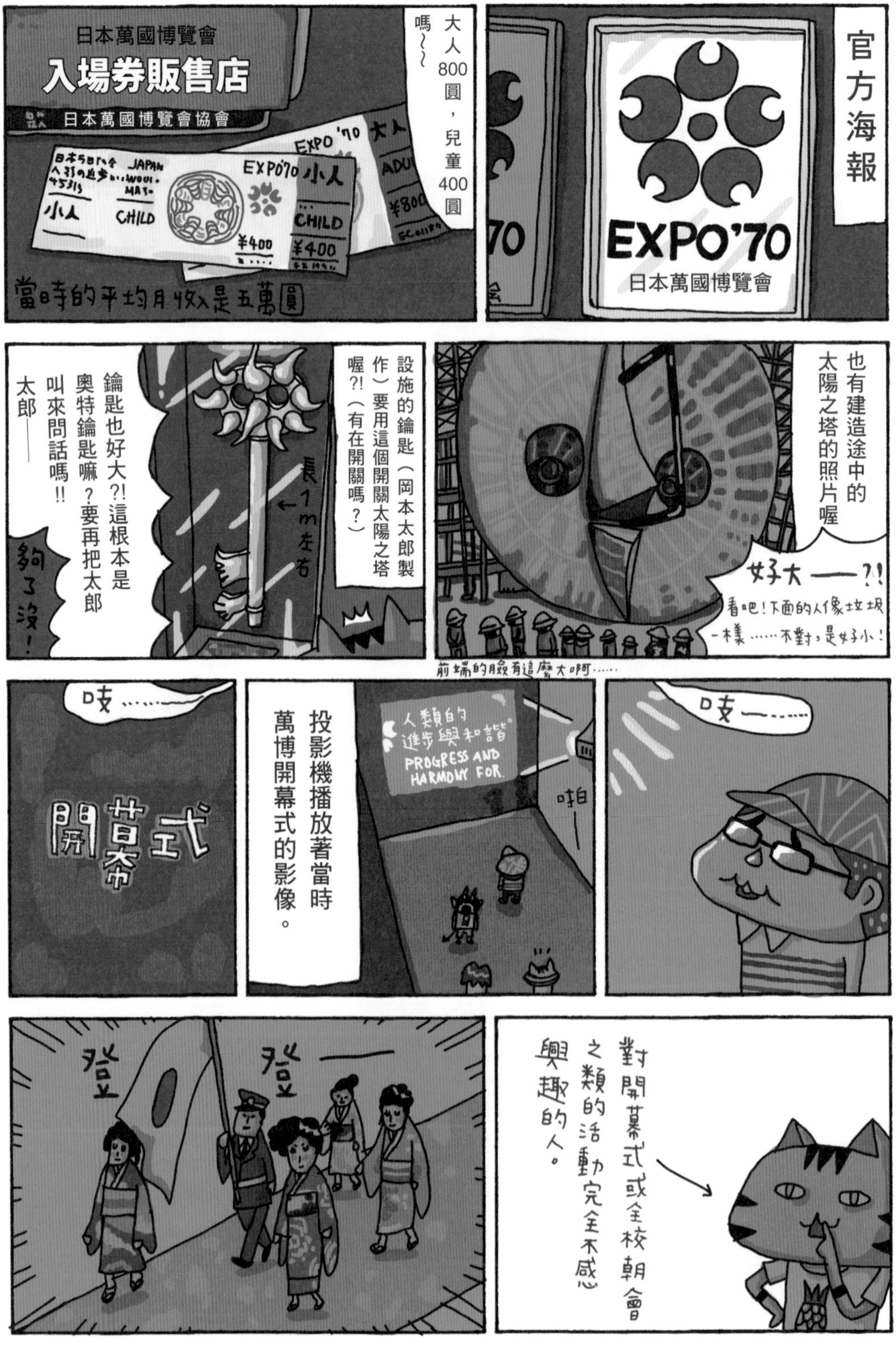
官方海報
EXPO'70
日本萬國博覽會
大人800圓，兒童400圓嗎～～
日本萬國博覽會
入場券販售店
日本萬國博覽會協會
EXPO'70 小人
CHILD
¥400
大人
¥800
當時的平均月收入是五萬圓
也有建造途中的太陽之塔的照片喔
好大——?!
看吧！下面的人像垃圾一樣……不對，是好小！
前端的臉有這麼大啊……
設施的鑰匙（岡本太郎製作）要用這個開關太陽之塔喔?!（有在開關嗎？）
長1m左右
鑰匙也好大?! 這根本是奧特鑰匙嘛？要再把太郎叫來問話嗎!!
太郎——
夠了沒！
咳——……
投影機播放著當時萬博開幕式的影像。
人類的進步與和諧
PROGRESS AND HARMONY FOR
啪一
咳……
開幕式
對開幕式或全校朝會之類的活動完全不感興趣的人。
登
登——

人類的
進步與和諧
PROGRESS AND HARMONY FOR MANKIND
EXPO70
鏘鏘鏘鏘 鏘鏘
鏘鏘鏘鏘鏘♪
嗡——
巨大機器人!!
RM
結束
安——靜
EXPO
看得入神了。不對，
徹底著迷了……
這是啥，好像很猛耶這個。
完全沒人在耍帥，
或者說完全沒冷場，或者說
所有人都全力在享受著，
這些都被影片傳達出來了。
完全沒看過這種景象……
……看，
不知道猛什麼的耶……
好猛耶。

難道說，大阪萬博其實很屌？
結婚55對 垃圾19,353噸…
用電量1億3270萬1900千瓦
入場人數
瓦斯用量1798萬2259立方公尺
6,421萬8770人
用水量754萬0045立方公尺
單軌電車乘客數9350萬人
廁所數2755
博覽會長達183天，這是其間作出的統計呢。
入場人數
6,421萬8
這是日本人口的一半耶?!
走失兒童
4萬8139人
迷路的小孩數量也太多了吧!!
隆隆隆隆
媽媽~
哇啊~
媽媽~
哇啊~
沒啦，又不是一天有四萬人!!
順帶一提，蘇聯館似乎非常有人氣。
入館者数
BEST 10
No.1 ソ連館 28,000,000
No.2 カナダ館 25,035,000
No.3 アメリカ館 16,500,000
No.4 エルサルバドル館 13,725,000
No.5 アメリカン・パーク 12,310,000
No.6 スイス館 12,600,000
No.7 日本館 11,632,627
1人 結婚55對
哇~~有人結婚~~
無論健康或患病時，你都會發誓永遠愛他嗎？
你會對太郎發誓嗎？
為啥是太郎?!
出産1人
喂!!有小寶寶出生耶!!
到底是多想來啊？
用電量1億3270
98萬
水、瓦斯、電力的用量也很驚人喔。用水量是一般家庭的兩百年分量!!電也是一天就用掉就相當於奈良縣全境的用量!!
用水754萬
為什麼是奈良縣……話說我根本不知道奈良縣用電量多還是少啊……
廁所數2755
怎麼啦？被廁所數量嚇了一跳嗎？
咦——?!是、是喔
55穴
真的耶——
不是，我想，原來廁所的單位是穴啊……以前不知道……

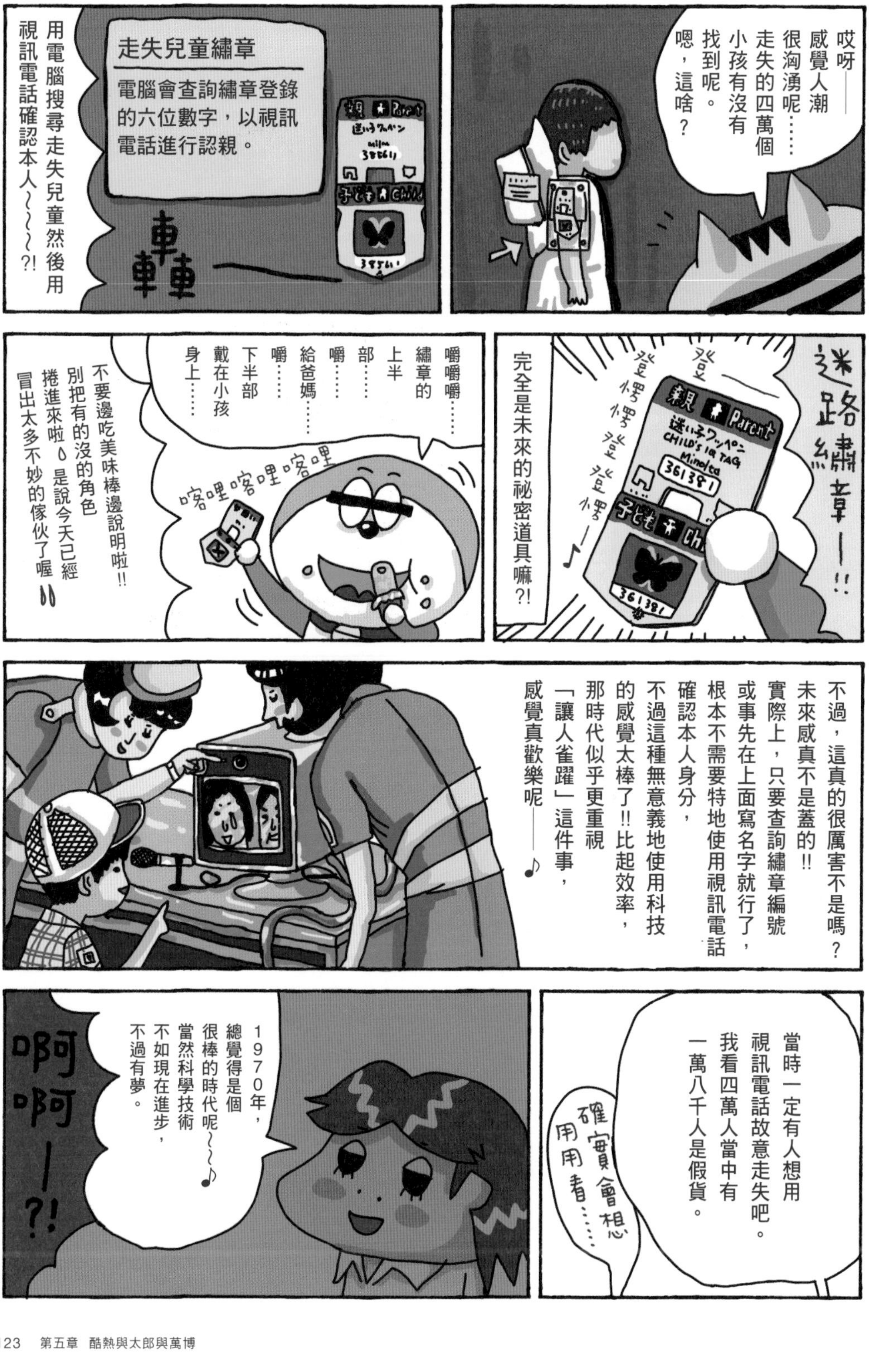

哎呀——
感覺人潮很洶湧呢……
走失的四萬個小孩有沒有找到呢。
嗯，這啥？
走失兒童繡章
電腦會查詢繡章登錄的六位數字，以視訊電話進行認親。
用電腦搜尋走失兒童然後用視訊電話確認本人～～～?!
轟
迷路繡章——!!
登
登愣愣登登愣——♪
親 Parent
迷い子ワッペン
CHILD's ID TAG
Minolta
361381
子ども Child
361381
完全是未來的祕密道具嘛?!
嚼嚼嚼……繡章的上半部……嚼……給爸媽……嚼……下半部戴在小孩身上……
喀哩喀哩喀哩
不要邊吃美味棒邊說明啦!!
別把有的沒的角色捲進來啦，是說今天已經冒出太多不妙的傢伙了喔
不過，這真的很厲害不是嗎？未來感真不是蓋的!!
實際上，只要查詢繡章編號或事先在上面寫名字就行了，根本不需要特地使用視訊電話確認本人身分，
不過這種無意義地使用科技的感覺太棒了!! 比起效率，那時代似乎更重視「讓人雀躍」這件事，感覺真歡樂呢——♪
當時一定有人想用視訊電話故意走失吧。我看四萬人當中有一萬八千人是假貨。
確實會想用用看……
1970年，總覺得是個很棒的時代呢～～♪
當然科學技術不如現在進步，不過有夢。
啊啊——!?!

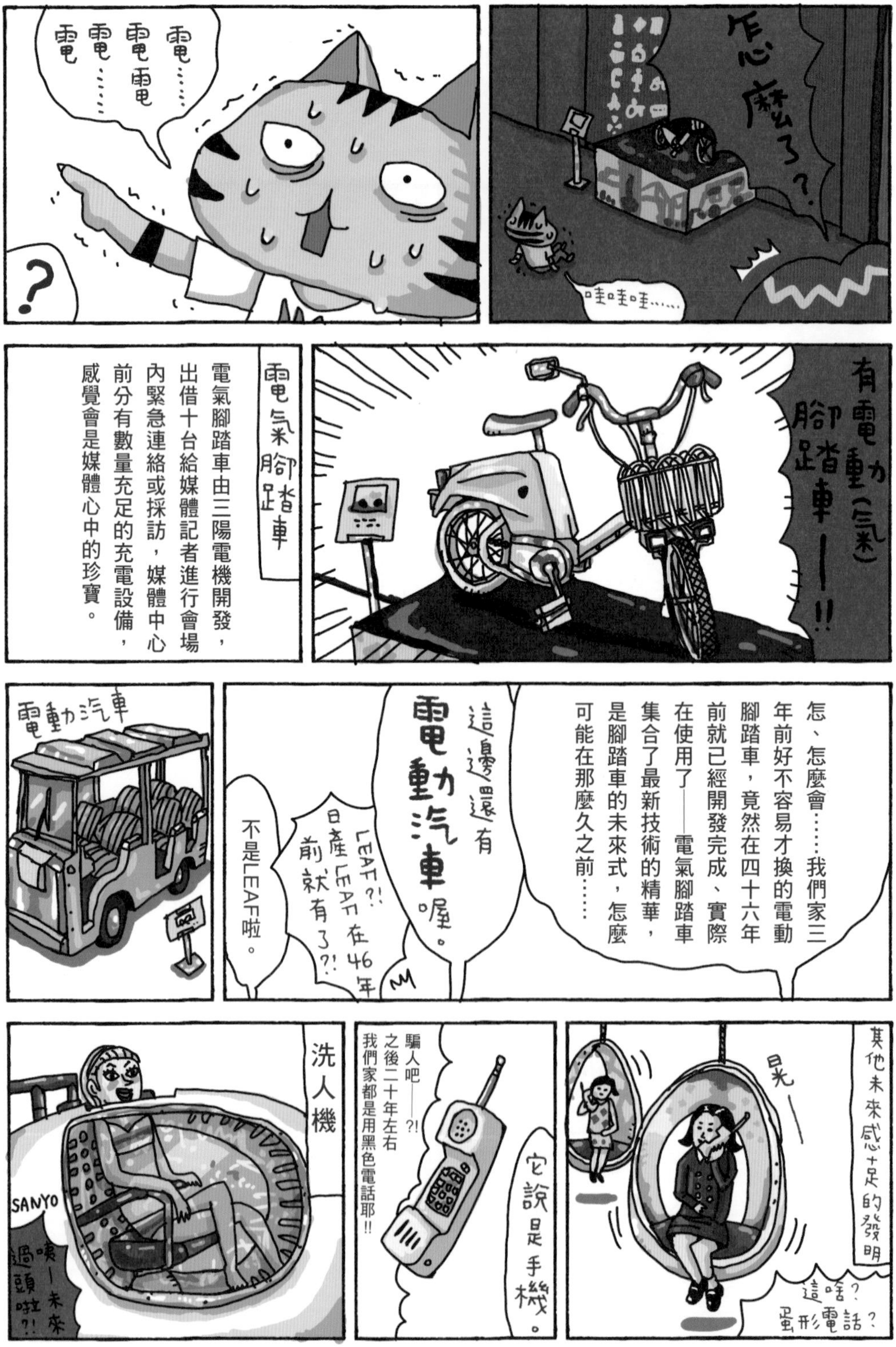
怎麼了??
哇哇哇……
電……電電電……電電……電
?
有電動(氣)腳踏車——!!
電氣腳踏車
電氣腳踏車由三陽電機開發，出借十台給媒體記者進行會場內緊急連絡或採訪，媒體中心前分有數量充足的充電設備，感覺會是媒體心中的珍寶。
怎、怎麼會……我們家三年前好不容易才換的電動腳踏車，竟然在四十六年前就已經開發完成、實際在使用了——電氣腳踏車集合了最新技術的精華，是腳踏車的未來式，怎麼可能在那麼久之前……
這邊還有電動汽車喔。
LEAF?! 日產LEAF在46年前就有了?!
不是LEAF啦。
電動汽車
其他未來感十足的發明
晃—
這啥? 蛋形電話?
它說是手機。
騙人吧——?! 之後二十年左右我們家都是用黑色電話耶!!
洗人機
SANYO
噢—未來過頭啦?!

這落敗感是怎麼回事？
老實說，
我以為46年前的技術
根本不值得一看，
結果好像跟現在
沒什麼差別耶，
是我多心了嗎？
不如說當時的人
想出來的點子
比較有未來感……
怎麼一回事啊。
岡本太郎說得對，
人類一點進步也沒有。
嗚嗚——
這麼舉例吧，你以為自己已經跑了很遠……
嘿嘿，2016年的型號朝著未來狂飆耶。
嗡
結果其實是在70年代的手掌心晃來晃去。
嚇
70年代的手掌心
乖乖乖
總覺得，現在的技術都只是當時思考方向的延伸。
嗯——大家都說大阪萬博很厲害，
我一直以為是那個年代的人在美化、懷念過去，
今天才體會到它真的很厲害。
小澎?! 你的鼻子歪掉!!
是說你本來有鼻子嗎？
啪 嘰
哎呀，聽到是過去的活動就瞧不起它，真是不好意思。因為得意而翹得半天高的鼻子也折斷了。
買了當時的托盤當作伴手禮？
復古又帥氣♪
鏘
鏘
不知怎麼地，回程看到的太陽之塔好像比來的時候還帥。

當時的時尚也很棒。是近未來風呢。

萬博女公關制服集錦

女公關用今天的話說就是「女性接待人員」
不是在銀座陪酒的女人。

The Photo Gallery

等大阪燒期間，聊起萬博紀念公園。結果殿塚先生說他小時候去過大阪萬博，分享了許多事情，將場面炒得很熱。

太陽之塔真的比想像中大，而且有種莫名的魅力。看過本尊之後對它的印象會徹底改變。

老實說呢，大家原本對EXPO’ 70 Pavilion的展覽並不是很感興趣，不過光是看展品就被那時代的熱度和氣勢壓倒了。所有人都徹底入迷，很想一直待到閉館時間。回家後做了很多功課。

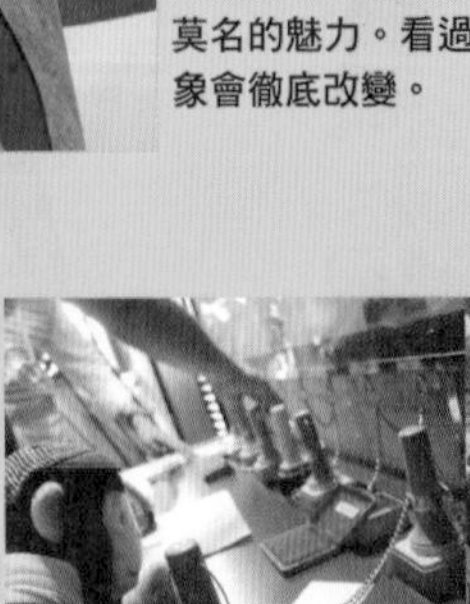

看到紀念章就會想蓋呢，聽到是萬博當時的圖案就更想蓋了。

第六章

復古與哥吉拉與豹紋

今天就要來到大阪篇最終日啦——
咖啡專家小惡魔
鈴小姐帶您探訪純喫茶 最終回
是的，早安。本次探訪是最後一回了，要為您介紹的最後一間店在這裡，MADURA。有賣酒，但完全是老派喫茶店的氣氛。
從咖啡的價格來看，它應該開相當久了。
マヅラ
咖啡 250圓
咖啡好便宜?!
早餐組合
咖啡 or 茶 + 雞蛋三明治 or 吐司
¥350
早餐也很便宜!!
總之，來跟MADURA拍個紀念合照吧。♪
那不是MADURA是約翰走路啦。
咦？這個人很有MADURA的風範啊。約翰走路是賣酒那個嗎？還是藥局前面的小橘象那類的企業吉祥物啊……還以為它絕對是MADURA呢。
店內太空感十足
復古摩登太空~~
感覺好像超人警備隊的基地耶。
喔——
之前介紹的純喫茶，感覺都是復古又典雅的，不過這裡是復古中帶有科技感，令人聯想到昨天萬博Pavilion的復古未來調調♪
四個早餐，附餐要雞蛋三明治♪
好的，我知道了。

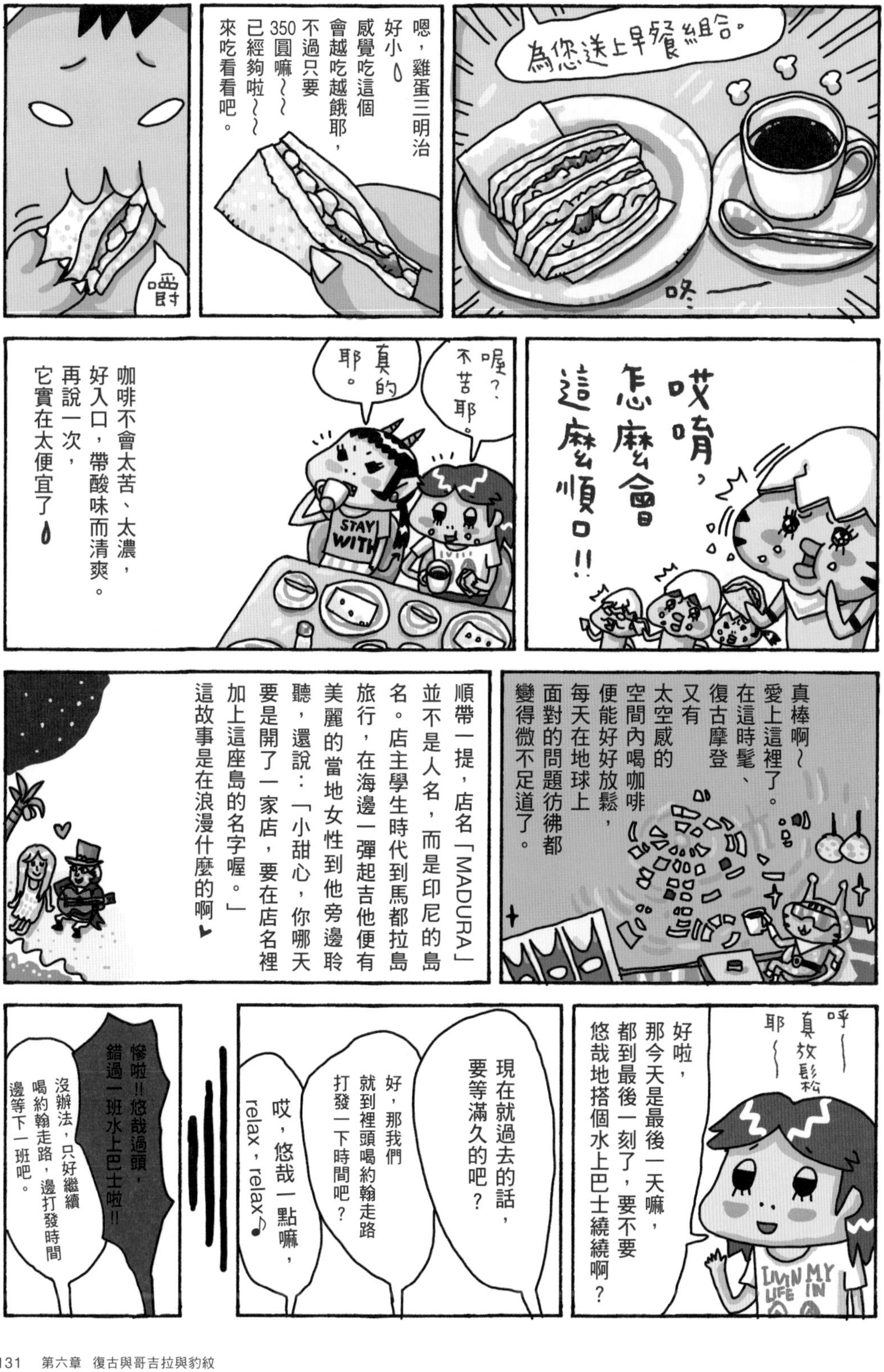
為您送上早餐組合。
咚
嗯，雞蛋三明治好小。感覺吃這個會越吃越餓耶，不過只要350圓嘛～～已經夠啦～～來吃看看吧。
嚼
哎唷，怎麼會這麼順口!!
喔？不苦耶。
真的耶。
咖啡不會太苦、太濃，好入口，帶酸味而清爽。再說一次，它實在太便宜了。
真棒啊～愛上這裡了。在這時髦、復古摩登又有太空感的空間內喝咖啡便能好好放鬆，每天在地球上面對的問題彷彿都變得微不足道了。
順帶一提，店名「MADURA」並不是人名，而是印尼的島名。店主學生時代到馬都拉島旅行，在海邊一彈起吉他便有美麗的當地女性到他旁邊聆聽，還說：「小甜心，你哪天要是開了一家店，要在店名裡加上這座島的名字喔。」這故事是在浪漫什麼的啊
呼～真放鬆耶～
好啦，那今天是最後一天嘛，都到最後一刻了，要不要悠哉地搭個水上巴士繞繞啊？
現在就過去的話，要等滿久的吧？
好，那我們就到裡頭喝約翰走路打發一下時間吧？
哎，悠哉一點嘛，relax，relax♪
慘啦!!悠哉過頭，錯過一班水上巴士啦!!
沒辦法，只好繼續喝約翰走路，邊打發時間邊等下一班吧。

よどやばし
淀屋橋
Yodoyabashi
M17
搭地下鐵前往淀屋橋站，出站後旁邊就是水上巴士乘船處和票口。
京阪電車
地下鉄
啊，在這裡。
60分鐘路線，大人1700圓。
きっぷ売場
大阪水上バス
大人四張。
水上巴士長什麼樣子呢～～♪
謝謝!!
AQUA-LINER
水上巴士大約還有30分鐘才會開，大家各自打發時間，之後在乘船處集合吧。
了解～
大阪水上バス淀屋橋港
のりば
在乘船處閒聊打發時間的人。
猛拍猴子的人。
啪洽啪洽
轟
回到地下鐵月台，站在冷氣前面的人。
轟—
好涼啊～
啊～♪
……30分鐘後
啊，來了!!
大阪水上巴士Aqualiner
嘩啦～
好平坦?!
誠摯感謝各位貴賓本日搭乘Aqualiner，接下來我們將會為各位導覽水都大阪。

熱天就該搭冷氣很涼的水上巴士呢。♪
在各位右手邊的是中央公會堂。
水都，let's go～♪
嘿～
大阪從明治時代就被稱為水都……
不過這水都真是稱不上乾淨呢……
噗啦～
魚?!
水裡有死掉的大鯉魚耶，這不要緊嗎～～?!
右邊綠色硬幣形的建築是造幣局。
這個
一日圓到五百日圓硬幣多半都是在這裡製造的。
是喔～
是喔～～
又有死鯉魚!!
翻肚～
真、真的不要緊嗎?!
……於大正8年建造……明治4年開始，這一帶……
是喔～
嗯～
原來啊～
很不愛聽這種事情的人。
啊，那邊有棟大樓吧?
嗯，對啊……
?
右手邊的桃園每年有許多桃花……
東洋第一寬敞，6萬日本陸軍……
那邊就是「哥吉拉對碧奧蘭蒂」裡面哥吉拉與Super X2對決的地方。
咦?!
咚～
好猛啊～!!
真的假的～?!
哥吉拉在那邊!!
您左手邊……
水都大阪……
立有石碑……
明治時代……
撲
好好聽船上的廣播啦。
登登登登
登登登登
登登登登
登登登登
大樓林立的這一帶……
哥吉拉就是倒在這裡。
好帥!!
哎呀呀，♪
「搭水上巴士探訪哥吉拉破壞大樓VS碧奧蘭蒂」篇真是太棒啦～
我們參加的不是那種行程耶?!

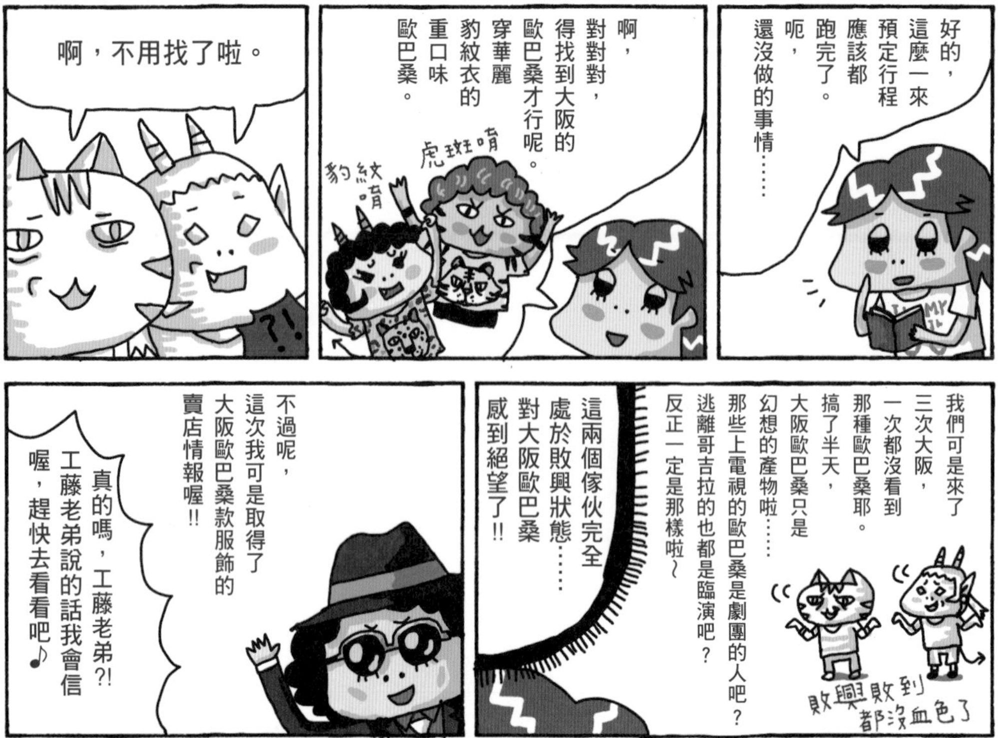

譯註：《偵探物語》的主角偵探工藤俊作，松田優作飾演。

……關上的鐵捲門挺多的耶。
哎呀呀，不過那家店似乎很有名喔，甚至會有外縣市的人來買。
歐巴桑……
到了!!就是這裡～
哇～原來啊～
豹紋洋裝 ¥4,900
真猛啊……我想就連哥隆大公都無法拿它穿搭吧……哇——
歡迎光臨♪
咦？
有個問題想請教您
感覺很有品味的大姐姐跑了出來，違反我的預期……
沒有啦，我絕對沒有預設跑出來的會是沒品味的歐巴桑唷……
不過真沒想到她沒穿動物花紋。
轉身
這一區的衣服男生也會買喔——
我就說嘛～
我請教一下，聽說最近鄉下地區來的人還比本地的歐巴桑常買這裡的衣服，他們是當成一種有限的土產嗎？
絡んでくるアイドル
オバチャーン
啊，那個嗎？大阪的新英雄，「會纏人的偶像」Obachaaan♪
這海報是怎樣？
真不想被纏上……
嗯——
看來會穿豹紋衣的大阪歐巴桑已經瀕臨絕種了，就跟蘇門答臘虎一樣。
我要是發現她們，不會「砰」一聲朝她們開槍，而是會好好加以保護的。
稀有

譯註：無敵鐵金剛的角色。

日本一ふぐ料理專
づぼらや
對啊~差不多該去吃個午餐了吧♪
啊～～肚子餓了呢。
要吃什麼？大阪名產幾乎都吃過了呢……
對啊，還沒吃的名產不知道是什麼呢～
是什麼呢～
總編～請我們吃河豚♡
……
跟河豚包不一樣喔!!
這就是大阪名產河豚全餐定食 2,200圓!!
河豚高湯烏龍麵
河豚皮炸成的餐點
炸河豚
三種河豚壽司
喔喔—河豚來了!!
亮晶晶
看這透明感，正是這種一眼望穿營造出了高級感啊!!應該吧。
跟烏賊不一樣喔。不一樣!!
不過為什麼要在大阪吃河豚呢？一般說到河豚，只會聯想到山口縣下關呀……有個說法是：料裡河豚的資格在大阪容易取得，所以會煮河豚的人也多，結果就有了許多河豚料理店。說得更具體一點，要在山口縣或東京取得資格，得先累積二、三年的實務經驗才能接受學科、術科考試，但在大阪不需要有實務經驗，只要參加課程就能取得資格……沒、沒問題吧?!

算了，河豚就是河豚。
請客就是請客啦♪
狼吞虎嚥
狼吞虎嚥狼吞虎嚥
嘎哈哈哈
狼吞虎嚥
要綜合就好嗎？
好啊。
要是有多的就打一架吧，打吧打吧(笑)
有有有♪
超有趣!!
是吧—
然後啊—
嘎哈哈哈哈
嗓門……好大——
是歐巴桑
對吧
哇哈哈哈哈
大姐啊，我總算發現大阪歐巴桑威能全開的人了。她們身上沒老虎也沒豹紋，不過性格強烈成這樣的話，根本就不需要藉著老虎圖案的衣服來耍威風嘛。我對這事實莫名感到服氣。
總編!!
多謝你招待我們吃河豚!!
你說話時眼睛看著哪裡啊？
伴手禮用
てっさ
① 在那之後元氣十足地衝到外頭。
要衝囉——♪
Dash !!
② 液體化。
不行了～
呼
呼
軟爛——
③ 逃進喫茶店喝冷咖。
最冷棒咖
冷咖冷咖
④ 以下不斷重複……
什麼嘛——
太熱了啦。
我要去有屋簷的地方～～!!

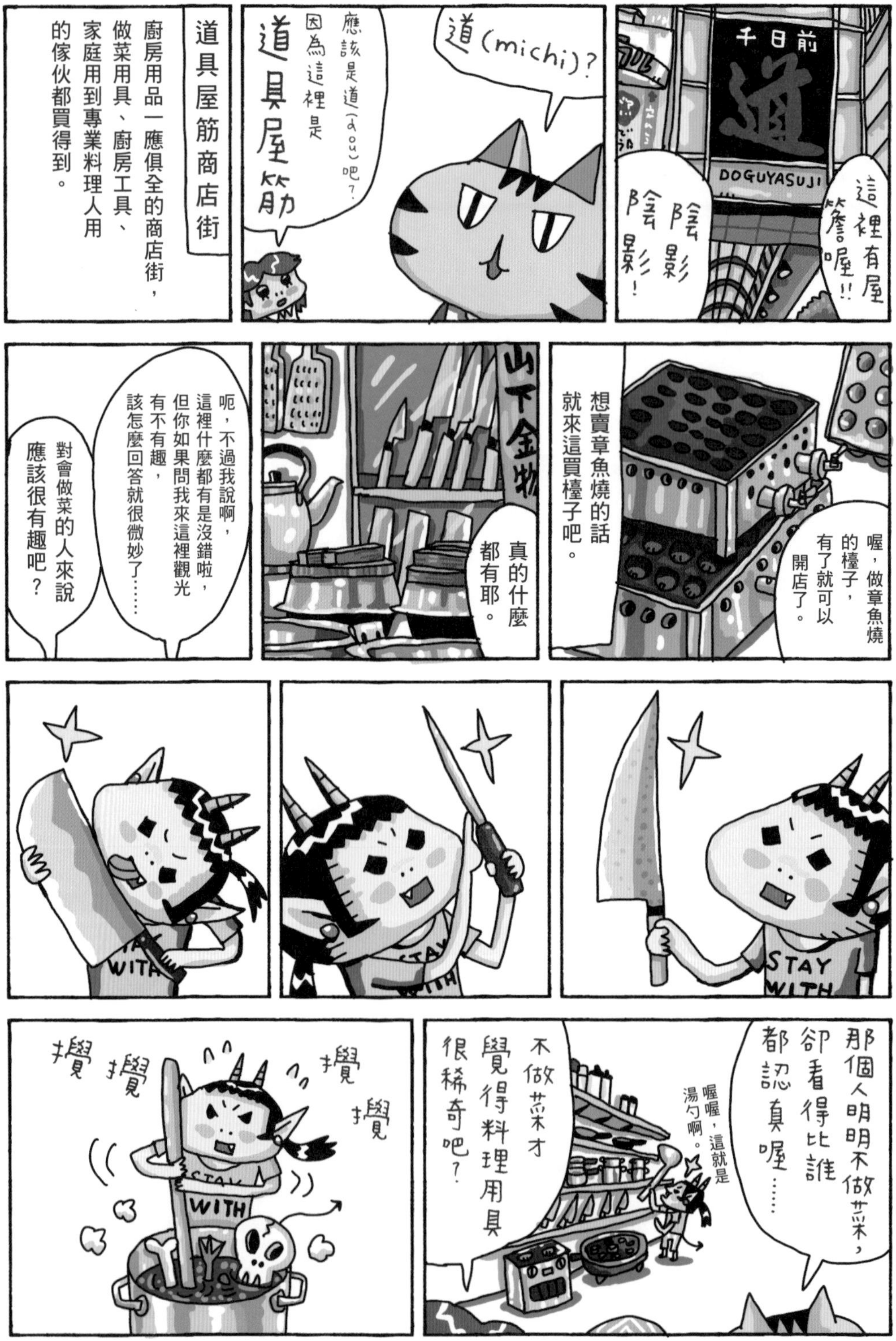
千日前
道
DOGUYASUJI
這裡有屋簷喔!!
陰影陰影!
道(michi)?
應該是道(ㄉㄡ)吧?因為這裡是道具屋筋
道具屋筋商店街
廚房用品一應俱全的商店街，做菜用具、廚房工具、家庭用到專業料理人用的傢伙都買得到。
喔，做章魚燒的檯子，有了就可以開店了。
想賣章魚燒的話就來這買檯子吧。
山下金物
真的什麼都有耶。
呃，不過我說啊，這裡什麼都有是沒錯啦，但你如果問我來這裡觀光有不有趣，該怎麼回答就很微妙了……
對會做菜的人來說應該很有趣吧？
STAY WITH
那個人明明不做菜，卻看得比誰都認真喔……
喔喔，這就是湯勺啊。
不做菜才覺得料理用具很稀奇吧？
攪 攪 攪 攪
STAY WITH

①在那之後又元氣十足地衝到外頭。
超級dash!!
②立刻液化。
軟爛——
③浸泡到冷咖中。
冷咖——
沒有你我活不下去了。
呼呼呼
轟隆轟隆
不妙!!總編的晴天能量快用完了!!
要下雨囉——
好,反正也很熱,回去吧!!
啊啊——路上買章魚燒結果來得太晚了~
叮咚叮咚叮——
我要上車!我要上車——
就這樣,總共分為三趟的大阪之旅結束了,各位再會囉。
大阪篇完
感謝大家的閱讀,感恩喔♪

不知道也沒差的大阪專門用語

◎ 感恩喔 → 謝謝

◎ 麥當 → 麥當勞

◎ 冷咖 → 冰咖啡

冰咖啡 → 冷咖啡 → 冷咖

◎ 檸氣 → 檸檬氣泡飲

◎ 冰淇果汁 → 最上面放了冰淇淋的綜合果汁

◎ 老虎隊 → 最強

◎ 蝦米碗糕 → 吐槽

◎ 眼鏡，眼鏡① → 慌亂的模樣

◎ 醮兩次醬 → 禁止

◎ 鬆獅犬② → 不是狗

◎ 把手戳進你屁眼搖得你臼齒③喀啦響 → 可怕

編註①：「眼鏡，眼鏡」是日本知名的相聲團體YASUSHI KIYOSHI的名哏。戴眼鏡那個把眼鏡丟在地上（或掉到地上時），會用手在地上摸來摸去找眼鏡。另一個看了，說：「明明就看得到吧」，戴眼鏡那個就會直直走到眼鏡那邊拿起眼鏡。有故作慌亂的意思。（這兩位相聲大師也是大阪人）

編註②：原文「チャウチャウ」（Chau-Chau）是指鬆獅犬，而大阪人在說「不對」或「不是」時，也用「ちゃうちゃう」（Chau-Chau）。意指大阪人說Chau-Chau時，不是在說狗（鬆獅犬）。

編註③：據說是大阪吉本興業搞笑藝人創造出來的哏。是吵架時用來威脅對方的用語，但實際上只是當作一個玩笑哏在流傳，一般大阪人好像不會這麼說。

附錄漫畫

跟薩克就是不一樣啊，不一樣!!

法善寺橫丁
法善寺橫丁很有情調，超棒呢！
有一整排小小的餐館。
不過這邊知名老店很多，我們的預算可能不太夠……
GUFU
（古夫）
是FUGU（河豚）啦。

編註：這四格漫畫的哏來自《機動戰士鋼彈》。最後一格的大叔名為「蘭巴・拉爾」，他的名言是：「這和薩克不一樣啦！和薩克不一樣！！」，而他操縱的機器人名為「 古夫」（グフGUFU。河豚為フグFUGU）。第三格把河豚說成古夫，因此第四格出現大叔大吃一驚的表情。

水上巴士會花一小時左右的時間繞行大河，然後回到原本的乘船處。乘客只需要在涼爽的地方坐著就能「咻」地欣賞復古建築、大阪城，非常舒適，棒透了。

在大阪最後一天的早餐，是在梅田地下街繞了又繞才找到的。

據說有時水位過高，水上巴士會調低車頂高度，以免過橋時撞到。後方那個柱子般的東西會伸縮，挺有趣的。

總算吃到河豚了。做成生魚片果然是最好吃的吧，感謝招待！

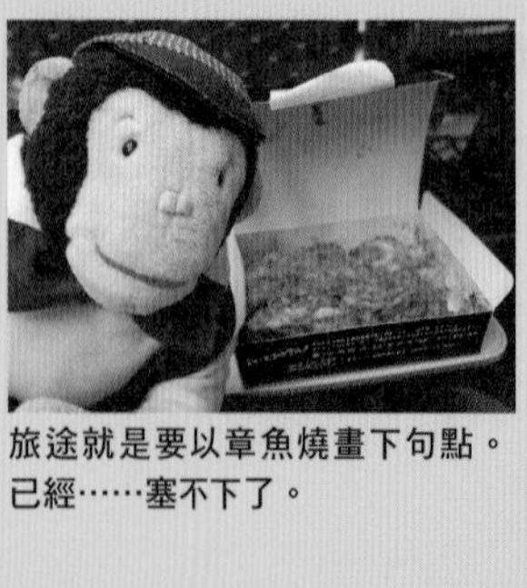

旅途就是要以章魚燒畫下句點。已經……塞不下了。

最後再仰望一次通天閣。終究還是沒遇到「大阪歐巴桑」，真可惜……

後記

大家辛苦了♪結束了呢。

……我是說真田丸（扯那個喔?!）

不過這次有點那個……

狂畫了一些不該畫的東西呢，

數量前所未有地多。

到底大阪有什麼魔力

讓我忍不住那樣畫呢……

（別怪到大阪頭上啦）

這次也很感謝大家跟我們

一起踏上這段旅程!!

不對……

是感恩啦!!

2017.2.3 Bon.

■ 澎湃野吉

1973年生於岡山縣倉敷市。
插畫家。主要描繪大頭的動物角色。不知道含意就拿來當筆名的「澎湃野吉」，是法語「旅途愉快」的意思，但對旅遊不感興趣，要別人逼才會去，屬於繭居體質。也很不擅長在人前說話。之前去大阪辦簽名會，事前討論時，雖然已經表明自己「我沒有要講話，我不要講話喔！」再三確認並拒絕發言，但正式上台時對方一句「老師請說話」就把麥克風遞過來，因此對大阪這個搞笑城市到底有多恐怖，有了扎實的感受。以書籍為出發點，活躍於網路、手機網頁、line貼圖、雜貨、文具等各類領域，橫跨世代的人氣作者。本書是澎湃野吉旅行趣的第五本。著作有《澎湃野吉旅旅行趣》系列、《成熟的澎》(主婦與生活社)、《動物小畫廊》系列等等。

著者公式HP & モバイルサイト
http://www.bonsha.com

※本書是基於2015年11月～2016年7月到大阪旅行的體驗繪製而成。

Titan 125
澎湃野吉旅行趣 ⑤
來去大阪鬧一鬧

澎湃野吉◎圖文　黃廷玉◎翻譯

出　版　者 | 大田出版有限公司
台北市10445 中山北路二段26 巷2 號2 樓
E-mail | titan3@ms22.hinet.net http：//www.titan3.com.tw
編輯部專線 |（02）2562-1383 傳真：（02）2581-8761
【如果您對本書或本出版公司有任何意見，歡迎來電】

總　編　輯 | 莊培園
副 總 編 輯 | 蔡鳳儀　執行編輯：陳顗如
行 銷 企 劃 | 古家瑄 / 董芸
校　　　對 | 金文蕙
手　寫　字 | 陳欣慧
美 術 編 輯 | 王志峯 / 張蘊方
印　　　刷 | 上好印刷股份有限公司（04）2315-0280
初　　　版 | 2018 年 04 月 01 日 定價：320 元
國 際 書 碼 | ISBN 978-986-179-523-2 / CIP: 731.75419 / 107002282

總　經　銷 | 知己圖書股份有限公司
台　　　北 | 台北市106 辛亥路一段30 號9 樓
TEL（02）23672044 ／ 23672047　FAX：（02）23635741
台　　　中 | 台中市407 工業30 路1 號
TEL（04）23595819 FAX：（04）23595493
E-mail | service@morningstar.com.tw
網 路 書 店 | http://www.morningstar.com.tw
郵 政 劃 撥 | 15060393
戶　　　名 | 知己圖書股份有限公司